BLACKWELL'S FRENCH TEXTS

General Editor:

R. C. D. PERMAN

Fellow of St. Peter's College, Oxford

BLACKWELL'S FRENCH TEXTS

General Editor: R. C. D. PERMAN

CHARLES BAUDELAIRE

Les Fleurs du Mal

Edited by
ENID STARKIE

D.LITT., M.A., LATE FELLOW OF SOMERVILLE COLLEGE, AND READER
IN FRENCH LITERATURE IN THE UNIVERSITY OF OXFORD

BASIL BLACKWELL · OXFORD
1980

© Basil Blackwell & Mott Ltd., 1959

ISBN 0 631 00410 6

First published in this edition, November 1942
Reprinted with Index 1978, 1980

PRINTED AND BOUND IN GREAT BRITAIN AT
THE CAMELOT PRESS LTD, SOUTHAMPTON

TABLE OF CONTENTS

INTRODUCTION

During the last quarter of a century no French poet—indeed, perhaps no poet in any language—has been more widely read in all parts of the world than Charles Baudelaire. Rightly or wrongly, he has largely supplanted, not only Victor Hugo, but, in their respective countries, Goethe, Shelley and Byron, in popular favour. He finds an honoured place upon the shelves of those interested in poetry, regardless of race or language.

For a variety of reasons, not all having a bearing on literature, Baudelaire seems to have been generally accepted as the European poet best able to make an appeal to modern man and to express his essence, modern man the product of all the revolutions—political, social and industrial—which have ploughed up the world since the Revolution of 1789. Barbey d'Aurevilly, writing in the nineteenth century, said of him: '*Les Fleurs du Mal* ont été écrites avec son sang et ce n'est pas seulement son histoire à lui, mais aussi celle de l'hypocrite lecteur, l'homme moderne tel qu'il est sorti des convulsions de la Révolution et du xixe siècle.'

The fact that his poems were composed almost a century ago means that his abiding appeal does not depend, as does that of many of our contemporary poets, on mere topicality of allusion and inspiration. Baudelaire managed to avoid the two pitfalls of nineteenth-century French literature: the excessive subjectivity of the Romantic movement and the cold impersonality of the Parnassian School. Romantic writers painted only the characteristics which made each man different from all others. Their inspiration is well epitomised in the opening lines of Rousseau's *Confessions*: 'J'ose croire n'être comme aucun de ceux qui existent.' Although Baudelaire's poems were written with his own blood and tears, he succeeded in being as universal and as eternal as the great classical writers of the seventeenth century. The problems which engrossed him were those which time has not changed, but to which it has only given a different colouring. What interested him was not the temporary manifestations of this contradictory and complex creature called man, but his eternal essence; the problem of his aspiration towards goodness and beauty combined with his proclivity towards sin and vice. The problem of sin—and particularly its illusory attraction—never ceased to preoccupy him, and his aim was to discover its nature. In an age when religious discipline and fixed dogma were weakening, when rational criticism was undermining all accepted moral values, the bearing of the problem on sophisticated and decadent urban man had become more complicated to estimate. Nowadays, when these bonds are further loosened, it has become still more acute and we are no nearer solving it than was Baudelaire. Many are in revolt, as he was, against the old hierarchy of moral standards, like him they accept the inherent evil and sinful nature of man—or of one side of him at least—but they do not understand any more than he did the essence of sin, nor do they know with what to replace the old disciplines and the old ideals, much as they need some focus for their wandering aspirations.

Baudelaire was a solitary figure amongst the literary men of his age. The writers of the middle of the nineteenth century were, on the whole, not concerned with the subjects which he found engrossing. They were not interested, for the greater part, in the problem of sin and did not really believe in it. They agreed with Taine's terrible and cynical remark, in the Introduction to his *Histoire de la Littérature*

Anglaise, that vice and virtue do not exist as moral factors but that they are only two different substances like vitriol and sugar, and who shall say that sugar is a better product than vitriol. A very small number of writers—witness Asselineau and Banville—admired his work and liked him, but they did not really understand his full meaning. They did not *feel* his work, for their sensibility was different, and one cannot fully appreciate Baudelaire unless one feels with him. It is not sufficient to apprehend him intellectually.

Baudelaire has generally been accepted as a member of the Parnassian School—and I take this as including the earlier *Art for Art's Sake* movement—yet his only similarities with the poets of that School were his general opposition to the Romantic movement, his substitution of artistry for inspiration, and his worship of beauty, though he understood these things in a different manner from that of his contemporaries.

Whereas the Parnassian poets, in their revulsion against the false idealism of Romantic passion, abandoned love as a theme for poetry, and treated woman largely as a life force, or else as a figure in a decorative piece of sculpture, Baudelaire, while sharing their dislike of Romantic sentimentality, turned to more realistic love for inspiration and treated physical love. In this vein he has written some of the most sublime sensual love poems in the French language, poems which, in his day, outraged conventional standards.

While the other poets, turning against the Romantic idealization of nature, painted impersonal and objective pictures of her beauties, Baudelaire treated her with disdain as unworthy of attention, except in so far as the artist could create beauty from her raw materials. He realized that the logical conclusion of the Parnassian poets' attitude to nature, in the depiction of her beauty, was photographic art. If impersonal and faithful representation is the essence of art, then you reach the paradox of photography being prized **as** the highest art. Baudelaire, in the early days of photography, understood this danger and he expressed an almost twentieth-century horror of the invention. Those who asserted that they worshipped nature and that art was the faithful copy of nature, found that their prayers had been granted, he said, as if by some evil genius, in the person of Daguerre. He considered art greater than nature and the artist almost as great as God, for it is he who puts order into the formlessness of nature. 'La nature extérieure n'est qu'un amas incohérent de matériaux', he said in the *Salon de 1846*, 'que l'artiste est invité à associer et à mettre en ordre.' And so he valued imagination more than any other faculty of man, for it is imagination which takes to pieces the work of the Almighty and builds it up into something new. This led Baudelaire to a different form of exoticism from that of his contemporaries. They used exoticism for pictorial and descriptive purposes, whereas he used it sensuously, suggestively and voluptuously. One need here only compare his *Parfum Exotique*, or *La Vie Antérieure* with say *Le Sommeil du Condor* of Leconte de Lisle or *Récif de Corail* of Hérédia, to realize the difference. But the greatest difference between him and the poets of the century lies in the quality which makes his poetry approximate to music. 'La poésie touche à la musique,' he said in rough notes for a preface he was preparing (*Œuvres Posthumes, Mercure de France* 1908), 'par une prosodie dont les racines plongent plus avant dans l'âme humaine que ne l'indique aucune théorie classique.' I do not here speak merely of the harmony of the line or the melody of the words. Critics have spoken of the music of Lamartine, of Musset and of Hugo, some have even spoken of the music of Leconte de Lisle, and they have meant that the verses of these poets caress pleasingly, without any jarring sense, the organ of hearing. But music does not consist solely in a sequence of pleasant sounds and Baudelaire did not mean that, when he wrote of the intimate connection between poetry and music. He meant that a poem should have the power of evoking in the reader, by whatever means it chose, the sensations and emotions which music could arouse. It was to evoke, in the words of the Symbolist poets, 'un état d'âme.' The musical quality of the poem can therefore not be measured by a formula dealing with the mere beauty and harmony of the words. There are beautiful and harmonious lines in all the Romantic poets, especially in Victor Hugo, but Hugo's poems do not possess the musical quality of which I speak. They have none of the evocative power of music and their melody fades away when the last syllable is read, as suddenly as a note on the piano becomes mute when the sustaining pedal is released. The musical emotion of a poem can be likened to the ripples created by a pebble which is thrown into a pond: the ripples stretch in ever increasing and widening circles away from the pebble which has, long since, fallen to the bottom of the pond.

Baudelaire was the only poet of his age not to be influenced by the classical revival of the middle of the nineteenth century. He considered the Hellenic influence—as he says in his article *L'École Païenne*—merely a 'pastiche inutile et dégoûtant'. He thought that the only artist who had any chance of survival was the one on whom his age had set its seal. 'Toute notre originalité vient de l'estampille que le temps imprime à nos sensations.' Instead of the nymphs, fauns and goddesses of Parnassian poetry we find in his poems modern urban types, working men and women, prostitutes and pimps. Instead of the deep canyons of tropical landscapes we find narrow streets full of houses rising sheer and pointing their roofs and their chimneys to the sky-line. It was not the song of exotic birds that filled his ears, but the droning murmur of the crowd beneath him, as he leaned out of his window and looked down on the swarming town. Even as early as 1845 he wrote in his *Salon* of that year, 'Celui-là sera le peintre qui saura arracher à la vie actuelle son côté épique, et nous faire comprendre, avec de la couleur ou du dessin, combien nous sommes grands et poétiques avec nos cravates et nos bottines vernies.'

But what separated Baudelaire most clearly from the other poets of his age was his preoccupation with spiritual matters and with the mystic aspect of religion. The other writers were chiefly interested in intellectual conceptions, in problems which could be dealt with by reason and not by faith. Their attitude to religion and religions was largely critical and sceptically destructive. They did not seem to need—or at least did not express it—a spiritual and religious basis for their own lives. They mistrusted what they called the false idealism and sentimentality of the Romantics and confined their attention to the material world as it can be seen by our human eyes and apprehended by our human reason. This preoccupation with the material world meant that the poetry of the Parnassian School—when it was not solely intellectual—reflected the contemplation of the external and visible world only, and there was little room in their writings for spiritual beauty. Baudelaire, while believing no more in Romantic idealism than they did, found that the material world could not satisfy his soul. He believed that material objects exist in this world only because they have their origin in the world of the spirit. The hidden relation between things here below and in the world above, he called, in Swedenborgian language, *Correspondances*. Everything in this world is merely the symbol of a hieroglyphic language and he claimed that it was the duty of the artist to decipher the hidden writing of nature and to interpret the mysterious book of the universe. He considered that only poets who had reached a high degree of spirituality were capable of understanding and interpreting the book of the universe. Beauty was not for him, as it was for his contemporaries, material beauty alone. Beauty was essentially a spiritual reality and he was convinced that art was the greatest and perhaps the only means of effecting beauty in this world, art inspired by this mysterious and undying attraction of the ideal. 'C'est cet admirable, cet immortel instinct du beau qui nous fait considérer la terre et ses spectacles comme un aperçu, comme une correspondance du ciel,' he said in *Notes Nouvelles sur Poe*, 'la soif insatiable de tout ce qui est au delà, et que révèle la vie, est la preuve la plus vivante de notre immortalité. C'est à la fois par la poésie, et à travers la poésie, par et à travers la musique, que l'âme entrevoit les splendeurs situées derrière le tombeau; et quand un poème exquis amène les larmes au bord des yeux, elles sont le témoignage d'une nature exilée dans l'imparfait qui voudrait s'emparer immédiatement, sur cette terre, d'un paradis révélé.' He claimed that the only thing that permanently interested him was *le monde intérieur*. In an article on Madame Desbordes-Valmore, in *Quelques Réflexions sur mes Contemporains*, he wrote: 'Je me suis toujours plu à chercher dans la nature extérieure des exemples et des métaphores qui me servissent à caractériser les jouissances d'un ordre supérieur.'

Baudelaire's preoccupation with spiritual life did not make him blind to the realities of existence. Few writers have seen more clearly than he the ugliness of the material world. Indeed his most severe critics have averred that he saw nothing but the coarsest realism and painted nothing but perverted and corrupted passions and vices. But he saw hidden beauty in the sordid material, he saw the sublime in those who were weak and sinful, not in their actions but in the intentions of the Creator; he saw God's writing in the lowly clay, even if it were somewhat blurred. He saw all the ugliness and sin around him, but he never despaired of living nor lost faith in life. He believed that from the sordid life he would be able to distil beauty.

In the fragment of a poem, which he, at first, intended as an Epilogue to his *Fleurs du Mal*, he wrote:

> Car j'ai de chaque chose extrait la quintessence,
> Tu m'as donné ta boue et j'en ai fait de l'or.

To-day, when there is a still greater contrast than there was in Baudelaire's day between *Spleen* and *Idéal*—one section of *Les Fleurs du Mal* bears this title—to-day, when most of the nineteenth-century ideals are bankrupt, when we are looking for something stable on which to lean, we review his writings with new interest. Many of us who study his works to-day feel that his pessimism, which was in reality moral integrity, has a similar ring to ours. We do not view the world around us with any greater sentimentality or gentleness and we find in his ardent longing 'pour trouver du nouveau' our own passionate aspiration for a better and less selfish world, for a world with a higher ideal than the quest for material comfort and luxury which was that of the pre-war years. In the hectic days of his youth he had tasted all the pleasures of the senses, the highest and the lowest, in search of what Pascal calls *le divertissement*, something that will make us lose consciousness of ourselves and of the years slipping by without meaning. He found, however, that all these pleasures were vain. It is true that he painted sin and vice in pleasing and enticing colours—vice may be pleasing, horribly and treacherously pleasing—but he expressed, as well, revolt against its enjoyments which left so bitter a taste in his mouth. His work shows, stage by stage, how he reached the certainty of the vanity of pleasure, the vanity of all the *divertissements*, which make men forget impending doom, merely by blinding their eyes and by rushing them along so quickly that they cannot see whither they are going.

He felt that there was something profoundly barren and unsatisfying on the spiritual plane in laying so much emphasis on the pursuit of happiness, on the inherent right of man to happiness, on the value of such happiness, could it even be obtained. To-day, with the phenomenal development in material comfort, bringing 'standardized happiness' within reach of all and making it the chief aim of life, Baudelaire's words have for us a deep significance. He had contempt for those whom he called 'les entrepreneurs du bonheur public', those who believed that they could make man happy and contented by legislation. He could not endure the infectious nature of clap-trap idealism. To him this easy-flowing milk of human kindness was merely the result of indolence of mind or of the egoistic desire to feel morally solvent. It was this that made his critics claim that he was a cynic who believed in nothing. 'Je n'ai pas de convictions comme l'entendent les gens de mon siècle,' he wrote in *Mon Cœur mis à Nu*, 'cependant j'ai quelques convictions dans un sens plus élevé et qui ne peut pas être compris par les gens de mon temps.'

He did not believe that suffering lay in the mere absence of material goods. He saw that the greatest source of misery to man was in himself, in his own inefficiency and in his sense of failure. He believed that the only hope for the future lay in ceasing to believe that material comfort and progress were ends really worth achieving, and in aiming at eradicating the traces of original sin. 'La vraie civilisation,' he wrote in *Mon Cœur mis à Nu*, 'n'est pas dans le gaz, ni dans la vapeur, ni dans les tables tournantes. Elle est dans la diminution du péché originel.' This could only be achieved by long and patient personal effort. Baudelaire believed that nothing could relieve man of the responsibility for his own actions, nor of the responsibility for making his own decisions. He poured scorn on all those who would persuade every unfortunate man, as he says in *Assommons les Pauvres* of *Les Petits Poèmes en Prose*, that he is a king who has been wrongfully dispossessed of his kingdom. He considered that he alone is worthy of enjoying liberty who is able to conquer it in himself. Nowadays, when we are weary of soulless collectivity, weary of accepting our ideals ready-made, by number from a factory, Baudelaire's writings bring us a welcome message of individualism, not the selfish individualism of the Romantics which meant personal licence, not only the privileges of individualism, but its responsibilities. He believed that the only salvation for the future lay in the full development of the individual, in the full exercise of his powers, in his efforts to find himself and his own harmony. He asked for liberty for the individual, liberty to protect his spiritual privacy, of whatever kind it might be, against those who would encroach on it on the plea of improving him or of making him happy and useful, the liberty, if he were so minded, of going to Hell his own way. He claimed that standards and ideals are only valid for us when we have formulated them for ourselves, from our own inner conviction and compulsion, that each one of us must work out himself his own salvation.

Baudelaire is a poet for adults, and the sufferings of recent years have matured the world. The young and flighty do not wish to hear of shipwrecked hopes as long as they believe that happiness can be obtained for the mere pursuing. But those who have learnt what life has to grant of hopes and disappointments, of joys and sorrows, those who have suffered the maturing discipline of life, who have gained the depth of heart that results from experience which has not turned sour, these find in the poems of Baudelaire sympathetic interpretation. It is the poetry of experience, saddened experience which still finds cause for hope and faith. Baudelaire believed in the value of suffering: 'l'indispensable douleur' he calls it, and again 'la fertilisante douleur.' The acceptance of suffering he considered as the great essential of existence, the basis of spiritual life. It is a philosophy of living which brought energy and a sense of purpose; it is certainly a more solid foundation on which to build a moral system for the conduct of life than the hollow and pitiable quest for happiness which was our goal during the pre-war years. Those who wish to leave everything connected with that barren era behind them, those who long for a return to a more spiritual philosophy of life, who seek for a difficult religion which will make demands on them for effort and sacrifice, a religion which will not play them false, these cannot but find in *Les Fleurs du Mal* of Charles Baudelaire an echo of their own sentiments.

. . .

The preparing of an edition of *Les Fleurs du Mal* is not as simple a matter as it might seem at first sight, for the poems were written over a period of more than twenty years and are preserved in three different collected editions, not to mention the publication of many poems, singly or in small groups, in a variety of periodicals. Moreover, the editor, if he is to justify his undertaking, is not free to treat the *Fleurs du Mal* as a mere collection; he must understand and respect what Baudelaire was wont to call the *architecture* of the volume as conceived by him. In a letter to Alfred de Vigny, when sending him the second edition of his poems, he wrote 'Le seul éloge que je sollicite pour ce livre est qu'on reconnaisse qu'il n'est pas un pur album et qu'il a un commencement et une fin. Tous les poèmes nouveaux ont été faits pour être adaptés à un cadre singulier que j'avais choisi.'

Baudelaire began writing poetry in 1840 or 1841, but his first published book of verse appeared only in 1857. During the intervening years he had printed certain poems, but by no means all, in various reviews.[1] We know from the testimony of friends that a large number of *Les Fleurs du Mal* were written during the period of luxury and leisure, when he was living at the *Hôtel Lauzun*, before the end of 1844. He even announced, in 1846, that he was about to publish a collection of poems under the title *Lesbiennes*. This book never appeared, but by 1848 he had dropped this title and advertised a volume of poems to be published in 1849, called *Limbes*. Pommier suggests[2] that this new title may be due to the influence of the theories of Fourier, since Fourier applies the designation 'périodes lymbiques' to the beginnings of Socialism and of industrial unrest. It seems that this was the interpretation accepted by contemporaries, for a paragraph in *La Presse* in 1848, sets forth the surmise, based upon the title alone, that the poems would be inspired by Socialism. This would tally with Baudelaire's preoccupations during the revolutionary period and with the inspiration of the poems written at that time. In *Le Magasin des Familles* of June 1850 he printed two poems stated to be taken from *Les Limbes*, 'livre destiné', he said in the notes to the poems in question, 'à reproduire les agitations et les mélancolies de la jeunesse moderne.'

Ten further poems were printed under the title *Limbes* in *Le Messager de l'Assemblée* on 9 April 1851. In February 1852 Baudelaire sent two large batches of his poems to Théophile Gautier in the hope that some of them might be published in the *Revue de Paris*. The collective title *Limbes* still holds good here. The manuscript copy of one of these batches has been discovered and it was published in facsimile in 1917 under the title *Douze Poèmes de Charles Baudelaire* (Crès). The other batch has never been found.

In 1852, by some strange coincidence, another book of

---

[1] These are all mentioned in the Notes to the poems in question.
[2] *La Mystique de Baudelaire*, p. 56.

poems by a writer called Véron, appeared under the title
Limbes. As a result Baudelaire appears to have considered it
expedient to abandon this title, and we do not hear any more
of his collection of poems until in June 1855, when he
printed eighteen of them in the *Revue des Deux Mondes*,
under the title *Les Fleurs du Mal*.[1] The meaning of this
title has frequently been misunderstood, but it is fairly certain
that the poet intended it to be interpreted in its mediaeval
and symbolical sense, that is to say that certain plants are the
emblems of sins and vices. This is clear from the description
which Baudelaire gave of a frontispiece which he had wished
the artist Bracquemond to produce for the 1861 edition of
the poems. In this frontispiece plants symbolising the seven
deadly sins were to be seen choking up the tree of Knowledge
and Goodness. The plan was eventually dropped since
Bracquemond had been unable to understand what Baude-
laire wanted. It was carried out later by the Belgian artist
Rops and it figured as the frontispiece for *Les Épaves*, pub-
lished in 1866. The frontispiece is there explained as follows
on the paper which protects it. 'Sous le pommier fatal, dont le
tronc squelette rappelle la déchéance de la race humaine,
s'épanouissent les sept péchés capitaux, figurés par des plantes
aux formes et aux attitudes symboliques. Le serpent, enroulé
au bassin du squelette, rampe vers ces Fleurs du Mal, parmi
lesquelles se vautre le *Pégase macabre*, qui ne doit se réveiller,
avec ses chevaucheurs, que dans la vallée de Josaphat. Cepen-
dant une Chimère noire enlève au delà des airs le médaillon
du poète, autour duquel des Anges et des Chérubins font
retentir le *Gloria in excelsis*. L'Autruche en camée, qui avale
un fer à cheval, au premier plan de la composition, est
l'emblème de la vertu, se faisant un droit de se nourrir des
aliments les plus révoltants: VIRTUS DURISSIMA COQUIT.'

[1] Three of the poems, *De Profundis, Le Tonneau de la Haine* and
La Cloche Fêlée, had already appeared in *Le Messager de l'Assemblée*
9 April 1851.

During this time Baudelaire was trying to persuade the publisher of his translations of Poe, Michel Lévy, to print a book of his poems. For a variety of reasons they did not come to an agreement and the first edition of *Les Fleurs du Mal* was published by the poet's friend, Poulet-Malassis, and appeared in June 1857.

As is well known, the first edition of *Les Fleurs du Mal* was arraigned by the public prosecutor in August 1857, and the result of the trial was that six poems were banned. These poems are: *Les Bijoux, Le Léthé, A Celle qui est trop gaie, Lesbos, Les Femmes Damnées* and *Les Métamorphoses du Vampire*. The book was not allowed to be sold with the inclusion of these poems.

Baudelaire immediately set to work to prepare a second edition of his poems, to compose others to replace those which had been banned. He would not allow the work to appear merely with their excision. He always maintained that his book was not *un album de vers*, and that any alteration in the original plan would ruin its architecture.

The second edition appeared in February 1861. The banned poems had been removed, thirty-five entirely new poems had been added—these had appeared in reviews between 1857 and 1861—and all the other poems of the first edition had been revised and improved. The second edition is an entirely different work from the first edition, for it has a new plan and unity. *Tableaux Parisiens* was not a section of the first edition and the order of the other divisions was altered. In the first edition the order was *Spleen et Idéal, Fleurs du Mal, Révolte, Le Vin* and *La Mort*. In the second edition it went: *Spleen et Idéal, Tableaux Parisiens, Le Vin, Fleurs du Mal, Révolte* and *La Mort*.

Baudelaire had intended to write a preface for this edition, a preface in which he would set forth all his literary ideas and in which he would answer the criticism to which he had been subjected for so many years. We can see from his correspondence that he was attaching great importance to this preface and several versions are extant. At the last moment, however, he abandoned the idea, in discouragement and weariness, and perhaps also in the fear of making himself ridiculous.

Baudelaire, usually impossible to satisfy in the production and typography of his own works, was pleased with this edition. Writing to his mother for New Year's Day 1861, he said: 'Pour la première fois de ma vie, je suis presque content. Le livre est *presque bien.*'

Amongst the thirty-five new poems are two early poems which, for some reason, he had not included in the first edition,[1] *L'Albatros* and *Le Rêve d'un Curieux*. There are several poems expressing his attitude at that time to Jeanne Duval who had become old, infirm and ugly, more of a burden and a duty than a pleasure, poems such as *Un Fantôme* and *Duellum*. But the majority of the new poems are those which give expression to weariness of life, to his horror of the swift flight of time, to the sensation of being carried away by a force stronger than he, which he could not withstand, poems in the vein of *Chant d'Automne*, *Fin de la Journée*, *Obsession*, *Le Goût du Néant* and *L'Horloge*.

He had, apparently, intended to end the book with a poem called *Épilogue*, a poem addressed to Paris. Only a rough sketch of it exists, which ends:

> Car j'ai de chaque chose extrait la quintessence,
> Tu m'as donné ta boue et j'en ai fait de l'or.

This would have made a better ending to the section entitled *Tableaux Parisiens* than to the work as a whole. He wrote a poem with similar inspiration which figures as an *Épilogue* to the *Spleen de Paris*.

---

[1] For the arguments relative to the date of these poems, see Starkie *Baudelaire*, p 85 and p. 90.

The second edition of *Les Fleurs du Mal* ended with the magnificent poem, *Le Voyage*, written in the peace of his mother's house at Honfleur in 1859. It is one of his finest poems and worthy to be the coping stone of his work. Although it is not the last in chronological order, it is more fitted than any other to be the *Épilogue* of his great masterpiece. It is the poem, I feel sure, that he would have chosen for the ending of any edition of his poems. It expresses his desire to find something new which will bring peace and satisfaction to his soul, and ease the longing which the world had never been able to assuage. The first edition had ended more lamely with *La Mort des Artistes*.

The second edition of *Les Fleurs du Mal* did not prove more fortunate than the first. The publisher, Poulet-Malassis, always in a delicate situation financially, went finally bankrupt in 1862, before the edition was sold out, and fled to Belgium to escape from his creditors.

The next book of poems which we have from Baudelaire's pen is *Les Épaves*, published by Poulet-Malassis in Belgium in 1866. The book was first to be entitled *Fleurs-Épaves* and the most important poems in it were to be the *Pièces Condamnées*. Poulet-Malassis pretended that the book had been produced without the knowledge of the poet, but the subterfuge, for subterfuge it was, was intended to save Baudelaire from the danger of being brought again before the courts. Jacques Crépet, however, states in his edition of *Les Fleurs du Mal* (Conard 1922) that he has seen a copy of the proofs of *Les Épaves* and that the corrections are undoubtedly in Baudelaire's hand.

While in Belgium, during the years from 1863 to 1866, Baudelaire was known to be preparing, as well as an edition of his critical works, a third edition of his poems which was to include all the poems written since 1861, as well as the earlier verses. It is said that the volume was ready for press and that the reason why he did not find a publisher for it was that he would not separate his poems from his critical works. He wished now all his works to be produced by the same publisher in a uniform edition. There is no proof that the volume was actually ready for press and it is very doubtful whether this was the case. He did not succeed in signing a contract with any publisher, for none of them were interested in his aesthetic criticism, although some were willing to consider publishing the poems.

In the meantime, besides publishing poems in reviews, he printed sixteen of his recent compositions in *Le Parnasse Contemporain* in 1866, under the title *Nouvelles Fleurs du Mal*. This was the last collection of his poems to be printed in his life-time.

After Baudelaire's death his friends and literary executors, Charles Asselineau and Théodore de Banville, produced the third edition of his poems in 1868. They claimed, probably with some justification, that there existed a volume, partially, if not wholly prepared by the author himself; for Baudelaire frequently made alterations in the printed text of his own works. But this volume cannot have existed with its plan complete; or if it did, the editors did not follow it scrupulously. Their plan seems to have been to print in this posthumous edition every line of Baudelaire's which they could lay hands on. They obtained from his mother all the poems which had appeared in reviews—he always sent his mother everything he wrote. There was, however, one poem, *La Lune Offensée*,[1] which he had never sent her, although it had appeared in *L'Artiste* on 1 March 1862, and which he never intended to print in book form during her life-time, on account of the bitterness of its tone against her. This poem the editors included in the 1868 edition. They published in it also *Le Calumet de Paix*, adapted from Longfellow, which

---

[1] For question of the date of this poem see Starkie *Baudelaire*, p. 85.

the poet himself might have included in the 1861 edition had he wished it to form part of *Les Fleurs du Mal*. They added the greater part of *Les Épaves*, although Baudelaire had frequently stated that he did not intend to use the poems from this collection in the definitive edition of *Les Fleurs du Mal*. In any case it is very unlikely that he would have included the section called *Épigraphes*. They further printed an early sonnet dedicated to Banville and which Baudelaire had never published even in a review. All these poems are not printed in separate sections, but are forced into the plan of the 1861 edition, and almost all of them are put in the division called *Spleen et Idéal*. With all these irrelevant additions the third edition does not make a homogeneous whole and it is certainly not a book which Baudelaire himself would have produced.

From these remarks it is easy to see the difficulties which confront any one desiring to bring out an edition of *Les Fleurs du Mal*. It is not sufficient merely to adopt the last and most complete edition, since that is a version which, apart from the fact that it lacks the *Pièces Condamnées*, is based on a misunderstanding of Baudelaire's intentions, or indifference to them, a disregard of the architecture of the work.

On the other hand, if we take the 1857 edition, we have, it is true, a version of the collection as Baudelaire, at that time, intended it to be, but we should have none of the poems written after 1861, amongst which are many of his finest and most mature; and if we choose the 1861 edition we have again a version which he conceived and planned, but we have not the *Pièces Condamnées* nor the last poems written after 1861, amongst them *Recueillement*.

Later editions, of which the most important are here mentioned, have followed varying plans. Jacques Crépet, who is producing the complete works for Conard,[1] has chosen

---

[1] This edition—probably the best complete edition of Baudelaire's works—was begun in 1922 with *Les Fleurs du Mal*.

the 1868 edition as his basis, but he has removed *Les Épaves* and printed them in a separate section, and he has printed in an Appendix the sonnet dedicated to Banville and *Le Calumet de Paix*. It seems to me arbitrary to choose one version and to use subjective reasons for making alterations in it.

Van Bever, who edited the poems for Crès in 1925, chose the 1861 version. He printed the *Pièces Condamnées* in a separate section and, chronologically, in a further section, all the other poems, calling them *Supplément aux Fleurs du Mal*. I do not think that this is a wholly satisfactory plan. The *Pièces Condamnées*, printed in a section by themselves lose some of their significance, for the emphasis is altered and, moreover, they are no longer *condamnées*, since the ban has now been raised.

Maynial, who edited the poems for *La Société des Belles Lettres* in 1929, has taken the 1861 edition, but he puts the *Pièces Condamnées* in the positions which they, roughly, occupied in the 1857 edition, and in doing this he has destroyed the structure of the 1861 edition. He has printed all the other poems in a further section.

The *Nouvelle Revue Française* edition by Féli Gautier, with most valuable notes by Yves Le Dantec, prints first the 1857 edition, then in another section the thirty-five new poems of the 1861 version and in a further section the remaining poems of the 1868 edition. This has the disadvantage of only giving the reader, in its entirety, the first plan and not the version with which Baudelaire was himself best pleased.

We have, regretfully, to admit that we do not know exactly what the third edition of *Les Fleurs du Mal* would have been had Baudelaire lived to plan it himself. It would, in all probability, have been as different from the second as the second is from the first, and it would probably have been finer than either. The ideal edition being no longer possible, I feel constrained, in my turn, to adopt a compromise, but one which will, I hope, do the least possible violence to the poet's intentions. I have adopted as a basis the 1861 edition, the last one prepared and corrected by Baudelaire and the one with which, as has already been stated, he was well pleased. Next I have printed *Les Épaves* which the poet himself corrected and revised. *Franciscæ Meæ Laudes* occurs here as well as in the 1861 edition of *Les Fleurs du Mal*. Following on *Les Épaves* I have printed the collection of poems published by Baudelaire himself in *Le Parnasse Contemporain*, under the title *Nouvelles Fleurs du Mal*. I have not printed a second time the six poems which also form part of *Les Épaves*. There remain four poems which were included in the 1868 edition (*Le Calumet de Paix, La Prière d'un Païen, La Lune Offensée*, and the sonnet dedicated to Banville). These I have printed in a further section.

I do not claim that this arrangement is perfect. *Les Nouvelles Fleurs du Mal* would have had more significance and effect had they found their place in the complete and definitive *Fleurs du Mal*, rather than in a section to themselves. And, moreover, I feel that Baudelaire would have taken from *Les Épaves* certain of the more profound poems and have included them in the definitive version of *Les Fleurs du Mal*. I feel that certainly *L'Imprévu* would more suitably occupy a position there than in *Les Épaves*.

The plan I have followed may, however, be said to give least play to subjective arguments, and it has the advantage that in the three collections as here printed we have, at least, three works corrected and revised by Baudelaire himself. I have resisted the temptation to adopt from the 1868 edition variants which strike me as an improvement on the 1861 version, variants which are probably Baudelaire's own. They all, however, appear in the Notes.

The poems published under the title *Les Fleurs du Mal*

are not the only poems composed by Baudelaire. There are, as well, the *Amœnitates Belgicæ*,[1] written when he was in Belgium, which I have not printed here as I do not consider that he intended them to be taken seriously.

There are also early poems, some written before he began composing the *Fleurs du Mal* and some a little later, of doubtful authorship, at the same time as the first *Fleurs*.[2] I have only printed, in a final section, the earliest poems known definitely to have been by him, the poems composed before the first of *Les Fleurs du Mal*. These may be of help for a study of the development of the poet's talent. The later poems, in any case of doubtful authorship, are not of such a nature that he would be the poorer for being deprived of them. By that time he had already published, in reviews, poems showing greater talent and mastery.

In the Notes I have given the dates of publication of each poem and all the variants from the different editions and versions, except insignificant ones of punctuation. I have given everything which is essential for the study of the poet and of his methods of composition, but I have avoided all literary appraisals, which can only be subjective and transitory, and I have given no biographical details. All these can be found in the main critical works dealing with Baudelaire. Nothing which can help the reader to form his own opinion has been omitted. I have not gone into the possible influences and sources, for that would have entailed a more lengthy and detailed study than space here allowed. I have, however, always held the opinion that Baudelaire was more profoundly influenced, during his youth, by the eccentric poets of the eighteen-thirties than is generally known. I believe that he copied—plagiarised almost at times—the works of Pétrus

[1] First published in *Œuvres Posthumes* (*Mercure de France* 1908).
[2] The first are published in *Œuvres Posthumes* (*Mercure de France* 1908), the second in *Vers Retrouvés* (*Émile-Paul* 1929). For discussion of authorship see Starkie *Baudelaire*, pp. 88–90 and pp. 493–494 (Note 17).

Borel (*Les Rhapsodies* of 1831 and *Champavert* of 1833), and particularly the collection called *Feu et Flamme* by Philothée O'Neddy (Théophile Dondey), published in 1833. I have drawn attention, in the Notes, to the more striking of these similarities.

I wish, finally, to express the debt I owe to the Conard edition of *Les Fleurs du Mal* prepared by Jacques Crépet, and to the Notes by Yves le Dantec to the edition of *La Nouvelle Revue Française*. I have drawn extensively from both these editions, and without their help it would not have been possible to prepare this edition of *Les Fleurs du Mal* in war-time.

LES FLEURS DU MAL

AU LECTEUR

LA sottise, l'erreur, le péché, la lésine,
Occupent nos esprits et travaillent nos corps,
Et nous alimentons nos aimables remords,
Comme les mendiants nourrissent leur vermine.

Nos péchés sont têtus, nos repentirs sont lâches ;
Nous nous faisons payer grassement nos aveux,
Et nous rentrons gaiement dans le chemin bourbeux,
Croyant par de vils pleurs laver toutes nos taches.

Sur l'oreiller du mal c'est Satan Trismégiste
Qui berce longuement notre esprit enchanté,
Et le riche métal de notre volonté
Est tout vaporisé par ce savant chimiste.

C'est le Diable qui tient les fils qui nous remuent!
Aux objets répugnants nous trouvons des appas;
Chaque jour vers l'Enfer nous descendons d'un pas,
Sans horreur, à travers des ténèbres qui puent.

Ainsi qu'un débauché pauvre qui baise et mange
Le sein martyrisé d'une antique catin,
Nous volons au passage un plaisir clandestin
Que nous pressons bien fort comme une vieille orange.

Serré, fourmillant, comme un million d'helminthes,
Dans nos cerveaux ribote un peuple de Démons,
Et, quand nous respirons, la Mort dans nos poumons
Descend, fleuve invisible, avec de sourdes plaintes.

Si le viol, le poison, le poignard, l'incendie,
N'ont pas encor brodé de leurs plaisants dessins
Le canevas banal de nos piteux destins,
C'est que notre âme, hélas! n'est pas assez hardie.

Mais parmi les chacals, les panthères, les lices,
Les singes, les scorpions, les vautours, les serpents,
Les monstres glapissants, hurlants, grognants, rampants,
Dans la ménagerie infâme de nos vices,

Il en est un plus laid, plus méchant, plus immonde!
Quoiqu'il ne pousse ni grands gestes ni grands cris,
Il ferait volontiers de la terre un débris
Et dans un bâillement avalerait le monde;

C'est l'Ennui!—l'œil chargé d'un pleur involontaire,
Il rêve d'échafauds en fumant son houka.
Tu le connais, lecteur, ce monstre délicat,
— Hypocrite lecteur, — mon semblable, — mon frère!

SPLEEN ET IDÉAL

I

Bénédiction

LORSQUE, par un décret des puissances suprêmes,
Le Poëte apparaît en ce monde ennuyé,
Sa mère épouvantée et pleine de blasphèmes
Crispe ses poings vers Dieu, qui la prend en pitié:

— «Ah! que n'ai-je mis bas tout un nœud de vipères,
Plutôt que de nourrir cette dérision!
Maudite soit la nuit aux plaisirs éphémères
Où mon ventre a conçu mon expiation!

Puisque tu m'as choisie entre toutes les femmes
Pour être le dégoût de mon triste mari,
Et que je ne puis pas rejeter dans les flammes,
Comme un billet d'amour, ce monstre rabougri,

Je ferai rejaillir ta haine qui m'accable
Sur l'instrument maudit de tes méchancetés,
Et je tordrai si bien cet arbre misérable,
Qu'il ne pourra pousser ses boutons empestés!»

Elle ravale ainsi l'écume de sa haine,
Et, ne comprenant pas les desseins éternels,
Elle-même prépare au fond de la Géhenne
Les bûchers consacrés aux crimes maternels.

Pourtant, sous la tutelle invisible d'un Ange,
L'Enfant déshérité s'enivre de soleil,
Et dans tout ce qu'il boit et dans tout ce qu'il mange
Retrouve l'ambroisie et le nectar vermeil.

Il joue avec le vent, cause avec le nuage,
Et s'enivre en chantant du chemin de la croix;
Et l'Esprit qui le suit dans son pélerinage
Pleure de le voir gai comme un oiseau des bois.

Tous ceux qu'il veut aimer l'observent avec crainte,
Ou bien, s'enhardissant de sa tranquillité,
Cherchent à qui saura lui tirer une plainte,
Et font sur lui l'essai de leur férocité.

Dans le pain et le vin destinés à sa bouche
Ils mêlent de la cendre avec d'impurs crachats;
Avec hypocrisie ils jettent ce qu'il touche,
Et s'accusent d'avoir mis leurs pieds dans ses pas.

Sa femme va criant sur les places publiques:
— « Puisqu'il me trouve assez belle pour m'adorer,
Je ferai le métier des idoles antiques,
Et comme elles je veux me faire redorer;

Et je me soûlerai de nard, d'encens, de myrrhe,
De génuflexions, de viandes et de vins,
Pour savoir si je puis dans un cœur qui m'admire
Usurper en riant les hommages divins!

Et, quand je m'ennuierai de ces farces impies,
Je poserai sur lui ma frêle et forte main;
Et mes ongles, pareils aux ongles des harpies,
Sauront jusqu'à son cœur se frayer un chemin.

Comme un tout jeune oiseau qui tremble et qui palpite,
J'arracherai ce cœur tout rouge de son sein,
Et, pour rassasier ma bête favorite,
Je le lui jetterai par terre avec dédain! »

Vers le Ciel, où son œil voit un trône splendide,
Le Poëte serein lève ses bras pieux,
Et les vastes éclairs de son esprit lucide
Lui dérobent l'aspect des peuples furieux:

— « Soyez béni, mon Dieu, qui donnez la souffrance
Comme un divin remède à nos impuretés,
Et comme la meilleure et la plus pure essence
Qui prépare les forts aux saintes voluptés!

Je sais que vous gardez une place au Poëte
Dans les rangs bienheureux des saintes Légions,
Et que vous l'invitez à l'éternelle fête
Des Trônes, des Vertus, des Dominations.

Je sais que la douleur est la noblesse unique
Où ne mordront jamais la terre et les enfers,
Et qu'il faut pour tresser ma couronne mystique
Imposer tous les temps et tous les univers.

Mais les bijoux perdus de l'antique Palmyre,
Les métaux inconnus, les perles de la mer,
Par votre main montés, ne pourraient pas suffire
A ce beau diadème éblouissant et clair;

Car il ne sera fait que de pure lumière,
Puisée au foyer saint des rayons primitifs,
Et dont les yeux mortels, dans leur splendeur entière,
Ne sont que des miroirs obscurcis et plaintifs! »

II

L'Albatros

SOUVENT, pour s'amuser, les hommes d'équipage
Prennent des albatros, vastes oiseaux des mers,
Qui suivent, indolents compagnons de voyage,
Le navire glissant sur les gouffres amers.

A peine les ont-ils déposés sur les planches,
Que ces rois de l'azur, maladroits et honteux,
Laissent piteusement leurs grandes ailes blanches
Comme des avirons traîner à côté d'eux.

Ce voyageur ailé, comme il est gauche et veule!
Lui, naguère si beau, qu'il est comique et laid!
L'un agace son bec avec un brûle-gueule,
L'autre mime, en boitant, l'infirme qui volait!

Le Poëte est semblable au prince des nuées
Qui hante la tempête et se rit de l'archer;
Exilé sur le sol au milieu des huées,
Ses ailes de géant l'empêchent de marcher.

III

Élévation

AU-DESSUS des étangs, au-dessus des vallées,
Des montagnes, des bois, des nuages, des mers,
Par delà le soleil, par delà les éthers,
Par delà les confins des sphères étoilées,

Mon esprit, tu te meus avec agilité,
Et, comme un bon nageur qui se pâme dans l'onde,
Tu sillonnes gaiement l'immensité profonde
Avec une indicible et mâle volupté.

Envole-toi bien loin de ces miasmes morbides;
Va te purifier dans l'air supérieur,
Et bois, comme une pure et divine liqueur,
Le feu clair qui remplit les espaces limpides.

Derrière les ennuis et les vastes chagrins
Qui chargent de leur poids l'existence brumeuse,
Heureux celui qui peut d'une aile vigoureuse
S'élancer vers les champs lumineux et sereins!

Celui dont les pensers, comme des alouettes,
Vers les cieux le matin prennent un libre essor,
— Qui plane sur la vie, et comprend sans effort
Le langage des fleurs et des choses muettes!

IV

Correspondances

LA Nature est un temple où de vivants piliers
Laissent parfois sortir de confuses paroles;
L'homme y passe à travers des forêts de symboles
Qui l'observent avec des regards familiers.

Comme de longs échos qui de loin se confondent
Dans une ténébreuse et profonde unité,
Vaste comme la nuit et comme la clarté,
Les parfums, les couleurs et les sons se répondent.

Il est des parfums frais comme des chairs d'enfants,
Doux comme les hautbois, verts comme les prairies,
— Et d'autres, corrompus, riches et triomphants,

Ayant l'expansion des choses infinies,
Comme l'ambre, le musc, le benjoin et l'encens,
Qui chantent les transports de l'esprit et des sens.

V

J'AIME le souvenir de ces époques nues,
   Dont Phœbus se plaisait à dorer les statues.
Alors l'homme et la femme en leur agilité
Jouissaient sans mensonge et sans anxiété,
Et, le ciel amoureux leur caressant l'échine,
Exerçaient la santé de leur noble machine.
Cybèle alors, fertile en produits généreux,
Ne trouvait point ses fils un poids trop onéreux,
Mais, louve au cœur gonflé de tendresses communes,
Abreuvait l'univers à ses tétines brunes.
L'homme, élégant, robuste et fort, avait le droit
D'être fier des beautés qui le nommaient leur roi;
Fruits purs de tout outrage et vierges de gerçures,
Dont la chair lisse et ferme appelait les morsures!
Le Poëte aujourd'hui, quand il veut concevoir
Ces natives grandeurs, aux lieux où se font voir
La nudité de l'homme et celle de la femme,
Sent un froid ténébreux envelopper son âme
Devant ce noir tableau plein d'épouvantement.
O monstruosités pleurant leur vêtement!
O ridicules troncs! torses dignes des masques!
O pauvres corps tordus, maigres, ventrus ou flasques,
Que le dieu de l'Utile, implacable et serein,
Enfants, emmaillota dans ses langes d'airain!
Et vous, femmes, hélas! pâles comme des cierges,
Que ronge et que nourrit la débauche, et vous, vierges,
Du vice maternel traînant l'hérédité
Et toutes les hideurs de la fécondité!
Nous avons, il est vrai, nations corrompues,
Aux peuples anciens des beautés inconnues:
Des visages rongés par les chancres du cœur,

Et comme qui dirait des beautés de langueur;
Mais ces inventions de nos muses tardives
N'empêcheront jamais les races maladives
De rendre à la jeunesse un hommage profond,
— A la sainte jeunesse, à l'air simple, au doux front,
A l'œil limpide et clair ainsi qu'une eau courante,
Et qui va répandant sur tout, insouciante
Comme l'azur du ciel, les oiseaux et les fleurs,
Ses parfums, ses chansons et ses douces chaleurs!

VI

Les Phares

RUBENS, fleuve d'oubli, jardin de la paresse,
Oreiller de chair fraîche où l'on ne peut aimer,
Mais où la vie afflue et s'agite sans cesse,
Comme l'air dans le ciel et la mer dans la mer;

Léonard de Vinci, miroir profond et sombre,
Où des anges charmants, avec un doux souris
Tout chargé de mystère, apparaissent à l'ombre
Des glaciers et des pins qui ferment leur pays;

Rembrandt, triste hôpital tout rempli de murmures,
Et d'un grand crucifix décoré seulement,
Où la prière en pleurs s'exhale des ordures,
Et d'un rayon d'hiver traversé brusquement;

Michel-Ange, lieu vague où l'on voit des Hercules
Se mêler à des Christs, et se lever tout droits
Des fantômes puissants qui dans les crépuscules
Déchirent leur suaire en étirant leurs doigts;

Colères de boxeur, impudences de faune,
Toi qui sus ramasser la beauté des goujats,
Grand cœur gonflé d'orgueil, homme débile et jaune,
Puget, mélancolique empereur des forçats;

Watteau, ce carnaval où bien des cœurs illustres,
Comme des papillons, errent en flamboyant,
Décors frais et légers éclairés par des lustres
Qui versent la folie à ce bal tournoyant;

Goya, cauchemar plein de choses inconnues,
De fœtus qu'on fait cuire au milieu des sabbats,
De vieilles au miroir et d'enfants toutes nues,
Pour tenter les démons ajustant bien leurs bas;

Delacroix, lac de sang hanté des mauvais anges,
Ombragé par un bois de sapins toujours vert,
Où, sous un ciel chagrin, des fanfares étranges
Passent, comme un soupir étouffé de Weber;

Ces malédictions, ces blasphèmes, ces plaintes,
Ces extases, ces cris, ces pleurs, ces *Te Deum*,
Sont un écho redit par mille labyrinthes;
C'est pour les cœurs mortels un divin opium!

C'est un cri répété par mille sentinelles,
Un ordre renvoyé par mille porte-voix;
C'est un phare allumé sur mille citadelles,
Un appel de chasseurs perdus dans les grands bois!

Car c'est vraiment, Seigneur, le meilleur témoignage
Que nous puissions donner de notre dignité
Que cet ardent sanglot qui roule d'âge en âge
Et vient mourir au bord de votre éternité!

VII

La Muse Malade

MA pauvre muse, hélas! qu'as-tu donc ce matin?
Tes yeux creux sont peuplés de visions nocturnes,
Et je vois tour à tour réfléchis sur ton teint
La folie et l'horreur, froides et taciturnes.

Le succube verdâtre et le rose lutin
T'ont-ils versé la peur et l'amour de leurs urnes?
Le cauchemar, d'un poing despotique et mutin,
T'a-t-il noyée au fond d'un fabuleux Minturnes?

Je voudrais qu'exhalant l'odeur de la santé
Ton sein de pensers forts fût toujours fréquenté,
Et que ton sang chrétien coulât à flots rhythmiques

Comme les sons nombreux des syllabes antiques,
Où règnent tour à tour le père des chansons,
Phœbus, et le grand Pan, le seigneur des moissons.

VIII

La Muse Vénale

O MUSE de mon cœur, amante des palais,
Auras-tu, quand Janvier lâchera ses Borées,
Durant les noirs ennuis des neigeuses soirées,
Un tison pour chauffer tes deux pieds violets?

Ranimeras-tu donc tes épaules marbrées
Aux nocturnes rayons qui percent les volets?
Sentant ta bourse à sec autant que ton palais,
Récolteras-tu l'or des voûtes azurées?

Il te faut, pour gagner ton pain de chaque soir,
Comme un enfant de chœur, jouer de l'encensoir,
Chanter des *Te Deum* auxquels tu ne crois guère,

Ou, saltimbanque à jeun, étaler tes appas
Et ton rire trempé de pleurs qu'on ne voit pas,
Pour faire épanouir la rate du vulgaire.

IX

Le Mauvais Moine

LES cloîtres anciens sur leurs grandes murailles
Étalaient en tableaux la sainte Vérité,
Dont l'effet, réchauffant les pieuses entrailles,
Tempérait la froideur de leur austérité.

En ces temps où du Christ florissaient les semailles,
Plus d'un illustre moine, aujourd'hui peu cité,
Prenant pour atelier le champ des funérailles,
Glorifiait la Mort avec simplicité.

— Mon âme est un tombeau que, mauvais cénobite,
Depuis l'éternité je parcours et j'habite;
Rien n'embellit les murs de ce cloître odieux.

O moine fainéant! quand saurai-je donc faire
Du spectacle vivant de ma triste misère
Le travail de mes mains et l'amour de mes yeux?

X

L'Ennemi

MA jeunesse ne fut qu'un ténébreux orage,
Traversé çà et là par de brillants soleils;
Le tonnerre et la pluie ont fait un tel ravage
Qu'il reste en mon jardin bien peu de fruits vermeils.

Voilà que j'ai touché l'automne des idées,
Et qu'il faut employer la pelle et les râteaux
Pour rassembler à neuf les terres inondées,
Où l'eau creuse des trous grands comme des tombeaux.

Et qui sait si les fleurs nouvelles que je rêve
Trouveront dans ce sol lavé comme une grève
Le mystique aliment qui ferait leur vigueur?

— O douleur! ô douleur! Le Temps mange la vie,
Et l'obscur Ennemi qui nous ronge le cœur
Du sang que nous perdons croît et se fortifie!

XI

Le Guignon

POUR soulever un poids si lourd,
Sisyphe, il faudrait ton courage!
Bien qu'on ait du cœur à l'ouvrage,
L'Art est long et le Temps est court.

Loin des sépultures célèbres,
Vers un cimetière isolé,
Mon cœur, comme un tambour voilé,
Va battant des marches funèbres.

— Maint joyau dort enseveli
Dans les ténèbres et l'oubli,
Bien loin des pioches et des sondes;

Mainte fleur épanche à regret
Son parfum doux comme un secret
Dans les solitudes profondes.

XII

La Vie Antérieure

J'AI longtemps habité sous de vastes portiques
  Que les soleils marins teignaient de mille feux,
Et que leurs grands piliers, droits et majestueux,
Rendaient pareils, le soir, aux grottes basaltiques.

Les houles, en roulant les images des cieux,
Mêlaient d'une façon solennelle et mystique
Les tout-puissants accords de leur riche musique
Aux couleurs du couchant reflété par mes yeux.

C'est là que j'ai vécu dans les voluptés calmes,
Au milieu de l'azur, des vagues, des splendeurs
Et des esclaves nus, tout imprégnés d'odeurs,

Qui me rafraîchissaient le front avec des palmes,
Et dont l'unique soin était d'approfondir
Le secret douloureux qui me faisait languir.

XIII

Bohémiens en Voyage

L A tribu prophétique aux prunelles ardentes
  Hier s'est mise en route, emportant ses petits
Sur son dos, ou livrant à leurs fiers appétits
Le trésor toujours prêt des mamelles pendantes.

Les hommes vont à pied sous leurs armes luisantes
Le long des chariots où les leurs sont blottis,
Promenant sur le ciel des yeux appesantis
Par le morne regret des chimères absentes.

Du fond de son réduit sablonneux, le grillon,
Les regardant passer, redouble sa chanson;
Cybèle, qui les aime, augmente ses verdures,

Fait couler le rocher et fleurir le désert
Devant ces voyageurs, pour lesquels est ouvert
L'empire familier des ténèbres futures.

XIV
L'Homme et la Mer

HOMME libre, toujours tu chériras la mer!
La mer est ton miroir; tu contemples ton âme
Dans le déroulement infini de sa lame,
Et ton esprit n'est pas un gouffre moins amer.

Tu te plais à plonger au sein de ton image;
Tu l'embrasses des yeux et des bras, et ton cœur
Se distrait quelquefois de sa propre rumeur
Au bruit de cette plainte indomptable et sauvage.

Vous êtes tous les deux ténébreux et discrets;
Homme, nul n'a sondé le fond de tes abîmes,
O mer, nul ne connaît tes richesses intimes,
Tant vous êtes jaloux de garder vos secrets!

Et cependant voilà des siècles innombrables
Que vous vous combattez sans pitié ni remord,
Tellement vous aimez le carnage et la mort,
O lutteurs éternels, ô frères implacables!

XV

Don Juan aux Enfers

QUAND don Juan descendit vers l'onde souterraine
Et lorsqu'il eut donné son obole à Charon,
Un sombre mendiant, l'œil fier comme Antisthène,
D'un bras vengeur et fort saisit chaque aviron.

Montrant leurs seins pendants et leurs robes ouvertes,
Des femmes se tordaient sous le noir firmament,
Et, comme un grand troupeau de victimes offertes,
Derrière lui traînaient un long mugissement.

Sganarelle en riant lui réclamait ses gages,
Tandis que don Luis avec un doigt tremblant
Montrait à tous les morts errant sur les rivages
Le fils audacieux qui railla son front blanc.

Frissonnant sous son deuil, la chaste et maigre Elvire,
Près de l'époux perfide et qui fut son amant,
Semblait lui réclamer un suprême sourire
Où brillât la douceur de son premier serment.

Tout droit dans son armure, un grand homme de pierre
Se tenait à la barre et coupait le flot noir;
Mais le calme héros, courbé sur sa rapière,
Regardait le sillage et ne daignait rien voir.

XVI

Châtiment de l'Orgueil

EN ces temps merveilleux où la Théologie
Fleurit avec le plus de sève et d'énergie,
On raconte qu'un jour un docteur des plus grands,
— Après avoir forcé les cœurs indifférents;
Les avoir remués dans leurs profondeurs noires;
Après avoir franchi vers les célestes gloires
Des chemins singuliers à lui-même inconnus,
Où les purs Esprits seuls peut-être étaient venus, —
Comme un homme monté trop haut, pris de panique,
S'écria, transporté d'un orgueil satanique:
« Jésus, petit Jésus! je t'ai poussé bien haut!
Mais, si j'avais voulu t'attaquer au défaut
De l'armure, ta honte égalerait ta gloire,
Et tu ne serais plus qu'un fœtus dérisoire! »

Immédiatement sa raison s'en alla.
L'éclat de ce soleil d'un crêpe se voila;
Tout le chaos roula dans cette intelligence,
Temple autrefois vivant, plein d'ordre et d'opulence,
Sous les plafonds duquel tant de pompe avait lui.
Le silence et la nuit s'installèrent en lui,
Comme dans un caveau dont la clef est perdue.
Dès lors il fut semblable aux bêtes de la rue,
Et, quand il s'en allait sans rien voir, à travers
Les champs, sans distinguer les étés des hivers,
Sale, inutile et laid comme une chose usée,
Il faisait des enfants la joie et la risée.

XVII

La Beauté

JE suis belle, ô mortels! comme un rêve de pierre,
    Et mon sein, où chacun s'est meurtri tour à tour,
Est fait pour inspirer au poëte un amour
Éternel et muet ainsi que la matière.

Je trône dans l'azur comme un sphinx incompris;
J'unis un cœur de neige à la blancheur des cygnes;
Je hais le mouvement qui déplace les lignes,
Et jamais je ne pleure et jamais je ne ris.

Les poëtes, devant mes grandes attitudes,
Que j'ai l'air d'emprunter aux plus fiers monuments,
Consumeront leurs jours en d'austères études;

Car j'ai, pour fasciner ces dociles amants,
De purs miroirs qui font toutes choses plus belles:
Mes yeux, mes larges yeux aux clartés éternelles!

XVIII

L'Idéal

CE ne seront jamais ces beautés de vignettes,
    Produits avariés, nés d'un siècle vaurien,
Ces pieds à brodequins, ces doigts à castagnettes,
Qui sauront satisfaire un cœur comme le mien.

Je laisse à Gavarni, poëte des chloroses,
Son troupeau gazouillant de beautés d'hôpital,
Car je ne puis trouver parmi ces pâles roses
Une fleur qui ressemble à mon rouge idéal.

Ce qu'il faut à ce cœur profond comme un abîme,
C'est vous, Lady Macbeth, âme puissante au crime,
Rêve d'Eschyle éclos au climat des autans;

Ou bien toi, grande Nuit, fille de Michel-Ange,
Qui tors paisiblement dans une pose étrange
Tes appas façonnés aux bouches des Titans!

XIX

La Géante

DU temps que la Nature en sa verve puissante
Concevait chaque jour des enfants monstrueux,
J'eusse aimé vivre auprès d'une jeune géante,
Comme aux pieds d'une reine un chat voluptueux.

J'eusse aimé voir son corps fleurir avec son âme
Et grandir librement dans ses terribles jeux ;
Deviner si son cœur couve une sombre flamme
Aux humides brouillards qui nagent dans ses yeux;

Parcourir à loisir ses magnifiques formes ;
Ramper sur le versant de ses genoux énormes,
Et parfois en été, quand les soleils malsains,

Lasse, la font s'étendre à travers la campagne,
Dormir nonchalamment à l'ombre de ses seins,
Comme un hameau paisible au pied d'une montagne.

XX

Le Masque

STATUE ALLÉGORIQUE DANS LE GOÛT DE LA RENAISSANCE

A ERNEST CHRISTOPHE

STATUAIRE

CONTEMPLONS ce trésor de grâces florentines;
Dans l'ondulation de ce corps musculeux
L'Élégance et la Force abondent, sœurs divines.
Cette femme, morceau vraiment miraculeux,
Divinement robuste, adorablement mince,
Est faite pour trôner sur des lits somptueux,
Et charmer les loisirs d'un pontife ou d'un prince.

— Aussi, vois ce souris fin et voluptueux
Où la Fatuité promène son extase;
Ce long regard sournois, langoureux et moqueur;
Ce visage mignard, tout encadré de gaze,
Dont chaque trait nous dit avec un air vainqueur:
« La Volupté m'appelle et l'Amour me couronne! »
A cet être doué de tant de majesté
Vois quel charme excitant la gentillesse donne!
Approchons, et tournons autour de sa beauté.

O blasphème de l'art! ô surprise fatale!
La femme au corps divin, promettant le bonheur,
Par le haut se termine en monstre bicéphale!

— Mais non! Ce n'est qu'un masque, un décor suborneur,
Ce visage éclairé d'une exquise grimace,

Et, regarde, voici, crispée atrocement,
La véritable tête, et la sincère face
Renversée à l'abri de la face qui ment.
Pauvre grande beauté! le magnifique fleuve
De tes pleurs aboutit dans mon cœur soucieux;
Ton mensonge m'enivre, et mon âme s'abreuve
Aux flots que la Douleur fait jaillir de tes yeux!

— Mais pourquoi pleure-t-elle? Elle, beauté parfaite
Qui mettrait à ses pieds le genre humain vaincu,
Quel mal mystérieux ronge son flanc d'athlète?

— Elle pleure, insensé, parce qu'elle a vécu!
Et parce qu'elle vit! Mais ce qu'elle déplore
Surtout, ce qui la fait frémir jusqu'aux genoux,
C'est que demain, hélas! il faudra vivre encore!
Demain, après-demain et toujours! — comme nous!

XXI

Hymne à la Beauté

VIENS-TU du ciel profond ou sors-tu de l'abîme,
O Beauté? Ton regard, infernal et divin,
Verse confusément le bienfait et le crime,
Et l'on peut pour cela te comparer au vin.

Tu contiens dans ton œil le couchant et l'aurore;
Tu répands des parfums comme un soir orageux;
Tes baisers sont un philtre et ta bouche une amphore
Qui font le héros lâche et l'enfant courageux.

Sors-tu du gouffre noir ou descends-tu des astres?
Le Destin charmé suit tes jupons comme un chien;
Tu sèmes au hasard la joie et les désastres,
Et tu gouvernes tout et ne réponds de rien.

Tu marches sur des morts, Beauté, dont tu te moques;
De tes bijoux l'Horreur n'est pas le moins charmant,
Et le Meurtre, parmi tes plus chères breloques,
Sur ton ventre orgueilleux danse amoureusement.

L'éphémère ébloui vole vers toi, chandelle,
Crépite, flambe et dit: Bénissons ce flambeau!
L'amoureux pantelant incliné sur sa belle
A l'air d'un moribond caressant son tombeau.

Que tu viennes du ciel ou de l'enfer, qu'importe,
O Beauté! monstre énorme, effrayant, ingénu!
Si ton œil, ton souris, ton pied, m'ouvrent la porte
D'un Infini que j'aime et n'ai jamais connu?

De Satan ou de Dieu, qu'importe? Ange ou Sirène,
Qu'importe, si tu rends, — fée aux yeux de velours,
Rhythme, parfum, lueur, ô mon unique reine! —
L'univers moins hideux et les instants moins lourds?

XXII

Parfum Exotique

QUAND, les deux yeux fermés, en un soir chaud d'automne,
Je respire l'odeur de ton sein chaleureux,
Je vois se dérouler des rivages heureux
Qu'éblouissent les feux d'un soleil monotone;

Une île paresseuse où la nature donne
Des arbres singuliers et des fruits savoureux;
Des hommes dont le corps est mince et vigoureux,
Et des femmes dont l'œil par sa franchise étonne.

Guidé par ton odeur vers de charmants climats,
Je vois un port rempli de voiles et de mâts
Encor tout fatigués par la vague marine,

Pendant que le parfum des verts tamariniers,
Qui circule dans l'air et m'enfle la narine,
Se mêle dans mon âme au chant des mariniers.

XXIII

La Chevelure

O TOISON, moutonnant jusque sur l'encolure!
O boucles! O parfum chargé de nonchaloir!
Extase! Pour peupler ce soir l'alcôve obscure
Des souvenirs dormant dans cette chevelure,
Je la veux agiter dans l'air comme un mouchoir!

La langoureuse Asie et la brûlante Afrique,
Tout un monde lointain, absent, presque défunt,
Vit dans tes profondeurs, forêt aromatique!
Comme d'autres esprits voguent sur la musique,
Le mien, ô mon amour! nage sur ton parfum.

J'irai là-bas où l'arbre et l'homme, pleins de sève,
Se pâment longuement sous l'ardeur des climats;
Fortes tresses, soyez la houle qui m'enlève!
Tu contiens, mer d'ébène, un éblouissant rêve
De voiles, de rameurs, de flammes et de mâts:

Un port retentissant où mon âme peut boire
A grands flots le parfum, le son et la couleur;
Où les vaisseaux, glissant dans l'or et dans la moire,
Ouvrent leurs vastes bras pour embrasser la gloire
D'un ciel pur où frémit l'éternelle chaleur.

Je plongerai ma tête amoureuse d'ivresse
Dans ce noir océan où l'autre est enfermé;
Et mon esprit subtil que le roulis caresse
Saura vous retrouver, ô féconde paresse!
Infinis bercements du loisir embaumé!

Cheveux bleus, pavillon de ténèbres tendues,
Vous me rendez l'azur du ciel immense et rond;
Sur les bords duvetés de vos mèches tordues
Je m'enivre ardemment des senteurs confondues
De l'huile de coco, du musc et du goudron.

Longtemps! toujours! ma main dans ta crinière lourde
Sèmera le rubis, la perle et le saphir,
Afin qu'à mon désir tu ne sois jamais sourde!
N'es-tu pas l'oasis où je rêve, et la gourde
Où je hume à longs traits le vin du souvenir?

XXIV

JE t'adore à l'égal de la voûte nocturne,
O vase de tristesse, ô grande taciturne,
Et t'aime d'autant plus, belle, que tu me fuis,
Et que tu me parais, ornement de mes nuits,
Plus ironiquement accumuler les lieues
Qui séparent mes bras des immensités bleues,

Je m'avance à l'attaque, et je grimpe aux assauts,
Comme après un cadavre un chœur de vermisseaux,
Et je chéris, ô bête implacable et cruelle!
Jusqu'à cette froideur par où tu m'es plus belle!

XXV

TU mettrais l'univers entier dans ta ruelle,
Femme impure! L'ennui rend ton âme cruelle.
Pour exercer tes dents à ce jeu singulier,
Il te faut chaque jour un cœur au râtelier.
Tes yeux, illuminés ainsi que des boutiques
Et des ifs flamboyants dans les fêtes publiques,
Usent insolemment d'un pouvoir emprunté,
Sans connaître jamais la loi de leur beauté.

Machine aveugle et sourde, en cruautés féconde!
Salutaire instrument, buveur du sang du monde,
Comment n'as-tu pas honte et comment n'as-tu pas
Devant tous les miroirs vu pâlir tes appas?
La grandeur de ce mal où tu te crois savante
Ne t'a donc jamais fait reculer d'épouvante,
Quand la nature, grande en ses desseins cachés,
De toi se sert, ô femme, ô reine des péchés,
— De toi, vil animal, — pour pétrir un génie?

O fangeuse grandeur! sublime ignominie!

XXVI

Sed Non Satiata

BIZARRE déité, brune comme les nuits,
Au parfum mélangé de musc et de havane,
Œuvre de quelque obi, le Faust de la savane,
Sorcière au flanc d'ébène, enfant des noirs minuits,

Je préfère au constance, à l'opium, au nuits,
L'élixir de ta bouche où l'amour se pavane;

Quand vers toi mes désirs partent en caravane,
Tes yeux sont la citerne où boivent mes ennuis.

Par ces deux grands yeux noirs, soupiraux de ton âme,
O démon sans pitié! verse-moi moins de flamme;
Je ne suis pas le Styx pour t'embrasser neuf fois,

Hélas! et je ne puis, Mégère libertine,
Pour briser ton courage et te mettre aux abois,
Dans l'enfer de ton lit devenir Proserpine!

XXVII

AVEC ses vêtements ondoyants et nacrés,
Même quand elle marche, on croirait qu'elle danse,
Comme ces longs serpents que les jongleurs sacrés
Au bout de leurs bâtons agitent en cadence.

Comme le sable morne et l'azur des déserts,
Insensibles tous deux à l'humaine souffrance,
Comme les longs réseaux de la houle des mers,
Elle se développe avec indifférence.

Ses yeux polis sont faits de minéraux charmants,
Et dans cette nature étrange et symbolique
Où l'ange inviolé se mêle au sphinx antique,

Où tout n'est qu'or, acier, lumière et diamants,
Resplendit à jamais, comme un astre inutile,
La froide majesté de la femme stérile.

XXVIII

Le Serpent qui Danse

QUE j'aime voir, chère indolente,
    De ton corps si beau,
Comme une étoffe vacillante,
    Miroiter la peau !

Sur ta chevelure profonde
    Aux âcres parfums,
Mer odorante et vagabonde
    Aux flots bleus et bruns,

Comme un navire qui s'éveille
    Au vent du matin,
Mon âme rêveuse appareille
    Pour un ciel lointain.

Tes yeux, où rien ne se révèle
    De doux ni d'amer,
Sont deux bijoux froids où se mêle
    L'or avec le fer.

A te voir marcher en cadence,
    Belle d'abandon,
On dirait un serpent qui danse
    Au bout d'un bâton.

Sous le fardeau de ta paresse
    Ta tête d'enfant
Se balance avec la mollesse
    D'un jeune éléphant,

Et ton corps se penche et s'allonge
   Comme un fin vaisseau
Qui roule bord sur bord et plonge
   Ses vergues dans l'eau.

Comme un flot grossi par la fonte
   Des glaciers grondants,
Quand l'eau de ta bouche remonte
   Au bord de tes dents,

Je crois boire un vin de Bohême,
   Amer et vainqueur,
Un ciel liquide qui parsème
   D'étoiles mon cœur!

XXIX

Une Charogne

RAPPELEZ-VOUS l'objet que nous vîmes, mon âme,
   Ce beau matin d'été si doux:
Au détour d'un sentier une charogne infâme
   Sur un lit semé de cailloux,

Les jambes en l'air, comme une femme lubrique,
   Brûlante et suant les poisons,
Ouvrait d'une façon nonchalante et cynique
   Son ventre plein d'exhalaisons.

Le soleil rayonnait sur cette pourriture,
   Comme afin de la cuire à point,
Et de rendre au centuple à la grande Nature
   Tout ce qu'ensemble elle avait joint;

Et le ciel regardait la carcasse superbe
   Comme une fleur s'épanouir.
La puanteur était si forte, que sur l'herbe
   Vous crûtes vous évanouir.

Les mouches bourdonnaient sur ce ventre putride,
   D'où sortaient de noirs bataillons
De larves, qui coulaient comme un épais liquide
   Le long de ces vivants haillons.

Tout cela descendait, montait comme une vague,
   Ou s'élançait en pétillant;
On eût dit que le corps, enflé d'un souffle vague,
   Vivait en se multipliant.

Et ce monde rendait une étrange musique,
   Comme l'eau courante et le vent,
Ou le grain qu'un vanneur d'un mouvement rhythmique
   Agite et tourne dans son van.

Les formes s'effaçaient et n'étaient plus qu'un rêve,
   Une ébauche lente à venir,
Sur la toile oubliée, et que l'artiste achève
   Seulement par le souvenir.

Derrière les rochers une chienne inquiète
   Nous regardait d'un œil fâché,
Épiant le moment de reprendre au squelette
   Le morceau qu'elle avait lâché.

— Et pourtant vous serez semblable à cette ordure,
   A cette horrible infection,
Étoile de mes yeux, soleil de ma nature,
   Vous, mon ange et ma passion!

Oui! telle vous serez, ô la reine des grâces,
    Après les derniers sacrements,
Quand vous irez, sous l'herbe et les floraisons grasses,
    Moisir parmi les ossements.

Alors, ô ma beauté! dites à la vermine
    Qui vous mangera de baisers,
Que j'ai gardé la forme et l'essence divine
    De mes amours décomposés!

XXX

De Profundis Clamavi

J'IMPLORE ta pitié, Toi, l'unique que j'aime,
    Du fond du gouffre obscur où mon cœur est tombé.
C'est un univers morne à l'horizon plombé,
Où nagent dans la nuit l'horreur et le blasphème;

Un soleil sans chaleur plane au-dessus six mois,
Et les six autres mois la nuit couvre la terre;
C'est un pays plus nu que la terre polaire;
— Ni bêtes, ni ruisseaux, ni verdure, ni bois!

Or il n'est pas d'horreur au monde qui surpasse
La froide cruauté de ce soleil de glace
Et cette immense nuit semblable au vieux Chaos;

Je jalouse le sort des plus vils animaux
Qui peuvent se plonger dans un sommeil stupide,
Tant l'écheveau du temps lentement se dévide!

XXXI

Le Vampire

TOI qui, comme un coup de couteau,
Dans mon cœur plaintif es entrée;
Toi qui, forte comme un troupeau
De démons, vins, folle et parée,

De mon esprit humilié
Faire ton lit et ton domaine;
— Infâme à qui je suis lié
Comme le forçat à la chaîne,

Comme au jeu le joueur têtu,
Comme à la bouteille l'ivrogne,
Comme aux vermines la charogne,
— Maudite, maudite sois-tu!

J'ai prié le glaive rapide
De conquérir ma liberté,
Et j'ai dit au poison perfide
De secourir ma lâcheté.

Hélas! le poison et le glaive
M'ont pris en dédain et m'ont dit:
«Tu n'es pas digne qu'on t'enlève
A ton esclavage maudit,

Imbécile! — de son empire
Si nos efforts te délivraient,
Tes baisers ressusciteraient
Le cadavre de ton vampire!»

XXXII

UNE nuit que j'étais près d'une affreuse Juive,
    Comme au long d'un cadavre un cadavre étendu,
Je me pris à songer près de ce corps vendu
A la triste beauté dont mon désir se prive.

Je me représentai sa majesté native,
Son regard de vigueur et de grâces armé,
Ses cheveux qui lui font un casque parfumé,
Et dont le souvenir pour l'amour me ravive.

Car j'eusse avec ferveur baisé ton noble corps,
Et depuis tes pieds frais jusqu'à tes noires tresses
Déroulé le trésor des profondes caresses,

Si, quelque soir, d'un pleur obtenu sans effort
Tu pouvais seulement, ô reine des cruelles!
Obscurcir la splendeur de tes froides prunelles.

XXXIII

Remords Posthume

LORSQUE tu dormiras, ma belle ténébreuse,
    Au fond d'un monument construit en marbre noir,
Et lorsque tu n'auras pour alcôve et manoir
Qu'un caveau pluvieux et qu'une fosse creuse;

Quand la pierre, opprimant ta poitrine peureuse
Et tes flancs qu'assouplit un charmant nonchaloir,
Empêchera ton cœur de battre et de vouloir,
Et tes pieds de courir leur course aventureuse,

Le tombeau, confident de mon rêve infini
(Car le tombeau toujours comprendra le poëte),
Durant ces grandes nuits d'où le somme est banni,

Te dira: «Que vous sert, courtisane imparfaite,
De n'avoir pas connu ce que pleurent les morts?»
—Et le ver rongera ta peau comme un remords.

XXXIV

Le Chat

VIENS, mon beau chat, sur mon cœur amoureux;
    Retiens les griffes de ta patte,
Et laisse-moi plonger dans tes beaux yeux,
    Mêlés de métal et d'agate.

Lorsque mes doigts caressent à loisir
    Ta tête et ton dos élastique,
Et que ma main s'enivre du plaisir
    De palper ton corps électrique,

Je vois ma femme en esprit. Son regard,
    Comme le tien, aimable bête,
Profond et froid, coupe et fend comme un dard,

    Et, des pieds jusques à la tête,
Un air subtil, un dangereux parfum,
    Nagent autour de son corps brun.

XXXV

Duellum

DEUX guerriers ont couru l'un sur l'autre; leurs armes
Ont éclaboussé l'air de lueurs et de sang.
Ces jeux, ces cliquetis du fer sont les vacarmes
D'une jeunesse en proie à l'amour vagissant.

Les glaives sont brisés! comme notre jeunesse,
Ma chère! Mais les dents, les ongles acérés,
Vengent bientôt l'épée et la dague traîtresse.
— O fureur des cœurs mûrs par l'amour ulcérés!

Dans le ravin hanté des chats-pards et des onces
Nos héros, s'étreignant méchamment, ont roulé,
Et leur peau fleurira l'aridité des ronces.

— Ce gouffre, c'est l'enfer, de nos amis peuplé!
Roulons-y sans remords, amazone inhumaine,
Afin d'éterniser l'ardeur de notre haine!

XXXVI

Le Balcon

MÈRE des souvenirs, maîtresse des maîtresses,
O toi, tous mes plaisirs! ô toi, tous mes devoirs!
Tu te rappelleras la beauté des caresses,
La douceur du foyer et le charme des soirs,
Mère des souvenirs, maîtresse des maîtresses!

Les soirs illuminés par l'ardeur du charbon,
Et les soirs au balcon, voilés de vapeurs roses.
Que ton sein m'était doux! que ton cœur m'était bon!
Nous avons dit souvent d'impérissables choses
Les soirs illuminés par l'ardeur du charbon.

Que les soleils sont beaux dans les chaudes soirées!
Que l'espace est profond! que le cœur est puissant!
En me penchant vers toi, reine des adorées,
Je croyais respirer le parfum de ton sang.
Que les soleils sont beaux dans les chaudes soirées!

La nuit s'épaississait ainsi qu'une cloison,
Et mes yeux dans le noir devinaient tes prunelles,
Et je buvais ton souffle, ô douceur! ô poison!
Et tes pieds s'endormaient dans mes mains fraternelles.
La nuit s'épaississait ainsi qu'une cloison.

Je sais l'art d'évoquer les minutes heureuses,
Et revis mon passé blotti dans tes genoux.
Car à quoi bon chercher tes beautés langoureuses
Ailleurs qu'en ton cher corps et qu'en ton cœur si doux?
Je sais l'art d'évoquer les minutes heureuses!

Ces serments, ces parfums, ces baisers infinis,
Renaîtront-ils d'un gouffre interdit à nos sondes,
Comme montent au ciel les soleils rajeunis
Après s'être lavés au fond des mers profondes?
— O serments! ô parfums! ô baisers infinis!

XXXVII

Le Possédé

L E soleil s'est couvert d'un crêpe. Comme lui,
O Lune de ma vie! emmitoufle-toi d'ombre;
Dors ou fume à ton gré; sois muette, sois sombre,
Et plonge tout entière au gouffre de l'Ennui;

Je t'aime ainsi! Pourtant, si tu veux aujourd'hui,
Comme un astre éclipsé qui sort de la pénombre,
Te pavaner aux lieux que la Folie encombre,
C'est bien! Charmant poignard, jaillis de ton étui!

Allume ta prunelle à la flamme des lustres!
Allume le désir dans les regards des rustres!
Tout de toi m'est plaisir, morbide ou pétulant;

Sois ce que tu voudras, nuit noire, rouge aurore;
Il n'est pas une fibre en tout mon corps tremblant
Qui ne crie: *O mon cher Belzébuth, je t'adore!*

XXXVIII

Un Fantôme

i

LES TÉNÈBRES

D ANS les caveaux d'insondable tristesse
Où le Destin m'a déjà relégué;
Où jamais n'entre un rayon rose et gai;
Où, seul avec la Nuit, maussade hôtesse,

Je suis comme un peintre qu'un Dieu moqueur
Condamne à peindre, hélas! sur les ténèbres;
Où, cuisinier aux appétits funèbres,
Je fais bouillir et je mange mon cœur,

Par instants brille, et s'allonge, et s'étale
Un spectre fait de grâce et de splendeur,
A sa rêveuse allure orientale,

Quand il atteint sa totale grandeur,
Je reconnais ma belle visiteuse:
C'est Elle! noire et pourtant lumineuse.

ii

LE PARFUM

LECTEUR, as-tu quelquefois respiré
Avec ivresse et lente gourmandise
Ce grain d'encens qui remplit une église,
Ou d'un sachet le musc invétéré?

Charme profond, magique, dont nous grise
Dans le présent le passé restauré!
Ainsi l'amant sur un corps adoré
Du souvenir cueille la fleur exquise.

De ses cheveux élastiques et lourds,
Vivant sachet, encensoir de l'alcôve,
Une senteur montait, sauvage et fauve,

Et des habits, mousseline ou velours,
Tout imprégnés de sa jeunesse pure,
Se dégageait un parfum de fourrure.

iii

LE CADRE

COMME un beau cadre ajoute à la peinture,
Bien qu'elle soit d'un pinceau très-vanté,
Je ne sais quoi d'étrange et d'enchanté
En l'isolant de l'immense nature,

Ainsi bijoux, meubles, métaux, dorure,
S'adaptaient juste à sa rare beauté;
Rien n'offusquait sa parfaite clarté,
Et tout semblait lui servir de bordure.

Même on eût dit parfois qu'elle croyait
Que tout voulait l'aimer; elle noyait
Sa nudité voluptueusement

Dans les baisers du satin et du linge,
Et, lente ou brusque, à chaque mouvement,
Montrait la grâce enfantine du singe.

iv

LE PORTRAIT

LA Maladie et la Mort font des cendres
De tout le feu qui pour nous flamboya.
De ces grands yeux si fervents et si tendres,
De cette bouche où mon cœur se noya,

De ces baisers puissants comme un dictame,
De ces transports plus vifs que des rayons,
Que reste-t-il? C'est affreux, ô mon âme!
Rien qu'un dessin fort pâle, aux trois crayons,

Qui, comme moi, meurt dans la solitude,
Et que le Temps, injurieux vieillard,
Chaque jour frotte avec son aile rude. . . .

Noir assassin de la Vie et de l'Art,
Tu ne tueras jamais dans ma mémoire
Celle qui fut mon plaisir et ma gloire!

XXXIX

JE te donne ces vers afin que si mon nom
   Aborde heureusement aux époques lointaines,
Et fait rêver un soir les cervelles humaines,
Vaisseau favorisé par un grand aquilon,

Ta mémoire, pareille aux fables incertaines,
Fatigue le lecteur ainsi qu'un tympanon,
Et par un fraternel et mystique chaînon
Reste comme pendue à mes rimes hautaines;

Être maudit à qui, de l'abîme profond
Jusqu'au plus haut du ciel, rien, hors moi, ne répond!
— O toi qui, comme une ombre à la trace éphémère,

Foules d'un pied léger et d'un regard serein
Les stupides mortels qui t'ont jugée amère,
Statue aux yeux de jais, grand ange au front d'airain!

XL

Semper Eadem

« D'OU vous vient, disiez-vous, cette tristesse étrange,
Montant comme la mer sur le roc noir et nu?»
— Quand notre cœur a fait une fois sa vendange,
Vivre est un mal. C'est un secret de tous connu,

Une douleur très-simple et non mystérieuse,
Et, comme votre joie, éclatante pour tous.
Cessez donc de chercher, ô belle curieuse!
Et, bien que votre voix soit douce, taisez-vous!

Taisez-vous, ignorante! âme toujours ravie!
Bouche au rire enfantin! Plus encore que la Vie,
La Mort nous tient souvent par des liens subtils.

Laissez, laissez mon cœur s'enivrer d'un *mensonge*,
Plonger dans vos beaux yeux comme dans un beau songe,
Et sommeiller longtemps à l'ombre de vos cils!

XLI

Tout Entière

L E Démon, dans ma chambre haute,
Ce matin est venu me voir,
Et, tâchant à me prendre en faute,
Me dit: «Je voudrais bien savoir,

Parmi toutes les belles choses
Dont est fait son enchantement,
Parmi les objets noirs ou roses
Qui composent son corps charmant,

Quel est le plus doux.» — O mon âme!
Tu répondis à l'Abhorré:
« Puisqu'en Elle tout est dictame,
Rien ne peut être préféré.

Lorsque tout me ravit, j'ignore
Si quelque chose me séduit.
Elle éblouit comme l'Aurore
Et console comme la Nuit;

Et l'harmonie est trop exquise,
Qui gouverne tout son beau corps,
Pour que l'impuissante analyse
En note les nombreux accords.

O métamorphose mystique
De tous mes sens fondus en un!
Son haleine fait la musique,
Comme sa voix fait le parfum!»

XLII

QUE diras-tu ce soir, pauvre âme solitaire,
Que diras-tu, mon cœur, cœur autrefois flétri,
A la très-belle, à la très-bonne, à la très-chère,
Dont le regard divin t'a soudain refleuri?

—Nous mettrons notre orgueil à chanter ses louanges:
Rien ne vaut la douceur de son autorité;
Sa chair spirituelle a le parfum des Anges,
Et son œil nous revêt d'un habit de clarté.

Que ce soit dans la nuit et dans la solitude,
Que ce soit dans la rue et dans la multitude,
Son fantôme dans l'air danse comme un flambeau.

Parfois il parle et dit: «Je suis belle, et j'ordonne
Que pour l'amour de moi vous n'aimiez que le Beau!
Je suis l'Ange gardien, la Muse et la Madone!»

XLIII

Le Flambeau Vivant

ILS marchent devant moi, ces Yeux pleins de lumières,
Qu'un Ange très-savant a sans doute aimantés;
Ils marchent, ces divins frères qui sont mes frères,
Secouant dans mes yeux leurs feux diamantés.

Me sauvant de tout piège et de tout péché grave,
Ils conduisent mes pas dans la route du Beau;
Ils sont mes serviteurs et je suis leur esclave;
Tout mon être obéit à ce vivant flambeau.

Charmants Yeux, vous brillez de la clarté mystique
Qu'ont les cierges brûlant en plein jour; le soleil
Rougit, mais n'éteint pas leur flamme fantastique;

Ils célèbrent la Mort, vous chantez le Réveil;
Vous marchez en chantant le réveil de mon âme,
Astres dont nul soleil ne peut flétrir la flamme!

XLIV

Réversibilité

ANGE plein de gaieté, connaissez-vous l'angoisse,
La honte, les remords, les sanglots, les ennuis
Et les vagues terreurs de ces affreuses nuits
Qui compriment le cœur comme un papier qu'on froisse?
Ange plein de gaieté, connaissez-vous l'angoisse?

Ange plein de bonté, connaissez-vous la haine,
Les poings crispés dans l'ombre et les larmes de fiel,
Quand la Vengeance bat son infernal rappel,
Et de nos facultés se fait le capitaine?
Ange plein de bonté, connaissez-vous la haine?

Ange plein de santé, connaissez-vous les Fièvres,
Qui, le long des grands murs de l'hospice blafard,
Comme des exilés, s'en vont d'un pied traînard,
Cherchant le soleil rare et remuant les lèvres?
Ange plein de santé, connaissez-vous les Fièvres?

Ange plein de beauté, connaissez-vous les rides,
Et la peur de vieillir, et ce hideux tourment
De lire la secrète horreur du dévouement
Dans des yeux où longtemps burent nos yeux avides?
Ange plein de beauté, connaissez-vous les rides?

Ange plein de bonheur, de joie et de lumières,
David mourant aurait demandé la santé
Aux émanations de ton corps enchanté;
Mais de toi je n'implore, ange, que tes prières,
Ange plein de bonheur, de joie et de lumières!

XLV

Confession

UNE fois, une seule, aimable et douce femme,
    A mon bras votre bras poli
S'appuya (sur le fond ténébreux de mon âme
    Ce souvenir n'est point pâli);

Il était tard; ainsi qu'une médaille neuve
    La pleine lune s'étalait,
Et la solennité de la nuit, comme un fleuve,
    Sur Paris dormant ruisselait.

Et le long des maisons, sous les portes cochères,
    Des chats passaient furtivement,
L'oreille au guet, ou bien, comme des ombres chères,
    Nous accompagnaient lentement.

Tout à coup, au milieu de l'intimité libre
    Éclose à la pâle clarté,
De vous, riche et sonore instrument où ne vibre
    Que la radieuse gaieté,

De vous, claire et joyeuse ainsi qu'une fanfare
    Dans le matin étincelant,
Une note plaintive, une note bizarre
    S'échappa, tout en chancelant

Comme une enfant chétive, horrible, sombre, immonde,
    Dont sa famille rougirait,
Et qu'elle aurait longtemps, pour la cacher au monde,
    Dans un caveau mise au secret.

Pauvre ange, elle chantait, votre note criarde:
«Que rien ici-bas n'est certain,
Et que toujours, avec quelque soin qu'il se farde,
Se trahit l'égoïsme humain ;

Que c'est un dur métier que d'être belle femme,
Et que c'est le travail banal
De la danseuse folle et froide qui se pâme
Dans un sourire machinal;

Que bâtir sur les cœurs est une chose sotte ;
Que tout craque, amour et beauté,
Jusqu'à ce que l'Oubli les jette dans sa hotte
Pour les rendre à l'Éternité!»

J'ai souvent évoqué cette lune enchantée,
Ce silence et cette langueur,
Et cette confidence horrible chuchotée
Au confessionnal du cœur.

XLVI

L'Aube Spirituelle

QUAND chez les débauchés l'aube blanche et vermeille
Entre en société de l'Idéal rongeur,
Par l'opération d'un mystère vengeur
Dans la brute assoupie un ange se réveille.

Des Cieux Spirituels l'inaccessible azur,
Pour l'homme terrassé qui rêve encore et souffre,
S'ouvre et s'enfonce avec l'attirance du gouffre.
Ainsi, chère Déesse, Être lucide et pur,

Sur les débris fumeux des stupides orgies
Ton souvenir plus clair, plus rose, plus charmant,
A mes yeux agrandis voltige incessamment.

Le soleil a noirci la flamme des bougies;
Ainsi, toujours vainqueur, ton fantôme est pareil,
Ame resplendissante, à l'immortel soleil!

XLVII

Harmonie du Soir

VOICI venir les temps où vibrant sur sa tige
   Chaque fleur s'évapore ainsi qu'un encensoir;
Les sons et les parfums tournent dans l'air du soir;
Valse mélancolique et langoureux vertige!

Chaque fleur s'évapore ainsi qu'un encensoir;
Le violon frémit comme un cœur qu'on afflige;
Valse mélancolique et langoureux vertige!
Le ciel est triste et beau comme un grand reposoir.

Le violon frémit comme un cœur qu'on afflige,
Un cœur tendre, qui hait le néant vaste et noir!
Le ciel est triste et beau comme un grand reposoir;
Le soleil s'est noyé dans son sang qui se fige.

Un cœur tendre, qui hait le néant vaste et noir,
Du passé lumineux recueille tout vestige!
Le soleil s'est noyé dans son sang qui se fige.
Ton souvenir en moi luit comme un ostensoir!

XLVIII

Le Flacon

IL est de forts parfums pour qui toute matière
Est poreuse. On dirait qu'ils pénètrent le verre.
En ouvrant un coffret venu de l'Orient
Dont la serrure grince et rechigne en criant,

Ou dans une maison déserte quelque armoire
Pleine de l'âcre odeur des temps, poudreuse et noire,
Parfois on trouve un vieux flacon qui se souvient,
D'où jaillit toute vive une âme qui revient.

Mille pensers dormaient, chrysalides funèbres,
Frémissant doucement dans les lourdes ténèbres,
Qui dégagent leur aile et prennent leur essor,
Teintés d'azur, glacés de rose, lamés d'or.

Voilà le souvenir enivrant qui voltige
Dans l'air troublé; les yeux se ferment; le Vertige
Saisit l'âme vaincue et la pousse à deux mains
Vers un gouffre obscurci de miasmes humains;

Il la terrasse au bord d'un gouffre séculaire,
Où, Lazare odorant déchirant son suaire,
Se meut dans son réveil le cadavre spectral
D'un vieil amour ranci, charmant et sépulcral.

Ainsi, quand je serai perdu dans la mémoire
Des hommes, dans le coin d'une sinistre armoire
Quand on m'aura jeté, vieux flacon désolé,
Décrépit, poudreux, sale, abject, visqueux, fêlé.

Je serai ton cercueil, aimable pestilence!
Le témoin de ta force et de ta virulence,
Cher poison préparé par les anges! liqueur
Qui me ronge, ô la vie et la mort de mon cœur!

XLIX

Le Poison

LE vin sait revêtir le plus sordide bouge
    D'un luxe miraculeux,
Et fait surgir plus d'un portique fabuleux
    Dans l'or de sa vapeur rouge,
Comme un soleil couchant dans un ciel nébuleux.

L'opium agrandit ce qui n'a pas de bornes,
    Allonge l'illimité,
Approfondit le temps, creuse la volupté,
    Et de plaisirs noirs et mornes
Remplit l'âme au delà de sa capacité.

Tout cela ne vaut pas le poison qui découle
    De tes yeux, de tes yeux verts,
Lacs où mon âme tremble et se voit à l'envers...
    Mes songes viennent en foule
Pour se désaltérer à ces gouffres amers.

Tout cela ne vaut pas le terrible prodige
    De ta salive qui mord,
Qui plonge dans l'oubli mon âme sans remord,
    Et, charriant le vertige,
La roule défaillante aux rives de la mort!

L

Ciel Brouillé

ON dirait ton regard d'une vapeur couvert;
  Ton œil mystérieux (est-il bleu, gris ou vert?)
Alternativement tendre, rêveur, cruel,
Réfléchit l'indolence et la pâleur du ciel.

Tu rappelles ces jours blancs, tièdes et voilés,
Qui font se fondre en pleurs les cœurs ensorcelés,
Quand, agités d'un mal inconnu qui les tord,
Les nerfs trop éveillés raillent l'esprit qui dort.

Tu ressembles parfois à ces beaux horizons
Qu'allument les soleils des brumeuses saisons . . .
Comme tu resplendis, paysage mouillé
Qu'enflamment les rayons tombant d'un ciel brouillé!

O femme dangereuse, ô séduisants climats!
Adorerai-je aussi ta neige et vos frimas,
Et saurai-je tirer de l'implacable hiver
Des plaisirs plus aigus que la glace et le fer?

LI

Le Chat

i

DANS ma cervelle se promène,
  Ainsi qu'en son appartement,
Un beau chat, fort, doux et charmant.
Quand il miaule, on l'entend à peine,

Tant son timbre est tendre et discret;
Mais que sa voix s'apaise ou gronde,
Elle est toujours riche et profonde:
C'est là son charme et son secret.

Cette voix, qui perle et qui filtre
Dans mon fonds le plus ténébreux,
Me remplit comme un vers nombreux
Et me réjouit comme un philtre.

Elle endort les plus cruels maux
Et contient toutes les extases;
Pour dire les plus longues phrases,
Elle n'a pas besoin de mots.

Non, il n'est pas d'archet qui morde
Sur mon cœur, parfait instrument,
Et fasse plus royalement
Chanter sa plus vibrante corde,

Que ta voix, chat mystérieux,
Chat séraphique, chat étrange,
En qüi tout est, comme en un ange,
Aussi subtil qu'harmonieux!

ii

De sa fourrure blonde et brune
Sort un parfum si doux, qu'un soir
J'en fus embaumé, pour l'avoir
Caressée une fois, rien qu'une.

C'est l'esprit familier du lieu;
Il juge, il préside, il inspire
Toutes choses dans son empire;
Peut-être est-il fée, est-il dieu?

Quand mes yeux, vers ce chat que j'aime
Tirés comme par un aimant,
Se retournent docilement
Et que je regarde en moi-même,

Je vois avec étonnement
Le feu de ses prunelles pâles,
Clairs fanaux, vivantes opales,
Qui me contemplent fixement.

LII

Le Beau Navire

JE veux te raconter, ô molle enchanteresse !
Les diverses beautés qui parent ta jeunesse;
   Je veux te peindre ta beauté,
Où l'enfance s'allie à la maturité.

Quand tu vas balayant l'air de ta jupe large,
Tu fais l'effet d'un beau vaisseau qui prend le large,
   Chargé de toile, et va roulant
Suivant un rhythme doux, et paresseux, et lent.

Sur ton cou large et rond, sur tes épaules grasses,
Ta tête se pavane avec d'étranges grâces;
   D'un air placide et triomphant
Tu passes ton chemin, majestueuse enfant.

Je veux te raconter, ô molle enchanteresse!
Les diverses beautés qui parent ta jeunesse;
    Je veux te peindre ta beauté,
Où l'enfance s'allie à la maturité.

Ta gorge qui s'avance et qui pousse la moire,
Ta gorge triomphante est une belle armoire
    Dont les panneaux bombés et clairs
Comme les boucliers accrochent des éclairs;

Boucliers provoquants, armés de pointes roses!
Armoire à doux secrets, pleine de bonnes choses,
    De vins, de parfums, de liqueurs
Qui feraient délirer les cerveaux et les cœurs!

Quand tu vas balayant l'air de ta jupe large,
Tu fais l'effet d'un beau vaisseau qui prend le large,
    Chargé de toile, et va roulant
Suivant un rhythme doux, et paresseux, et lent.

Tes nobles jambes, sous les volants qu'elles chassent,
Tourmentent les désirs obscurs et les agacent,
    Comme deux sorcières qui font
Tourner un philtre noir dans un vase profond.

Tes bras, qui se joueraient des précoces hercules,
Sont des boas luisants les solides émules,
    Faits pour serrer obstinément,
Comme pour l'imprimer dans ton cœur, ton amant.

Sur ton cou large et rond, sur tes épaules grasses,
Ta tête se pavane avec d'étranges grâces;
    D'un air placide et triomphant
Tu passes ton chemin, majestueuse enfant.

LIII

L'Invitation au Voyage

MON enfant, ma sœur,
 Songe à la douceur
D'aller là-bas vivre ensemble!
 Aimer à loisir,
 Aimer et mourir
Au pays qui te ressemble!
 Les soleils mouillés
 De ces ciels brouillés
Pour mon esprit ont les charmes
 Si mystérieux
 De tes traîtres yeux,
Brillant à travers leurs larmes.

Là, tout n'est qu'ordre et beauté,
Luxe, calme et volupté.

 Des meubles luisants,
 Polis par les ans,
Décoreraient notre chambre;
 Les plus rares fleurs
 Mêlant leurs odeurs
Aux vagues senteurs de l'ambre
 Les riches plafonds,
 Les miroirs profonds,
La splendeur orientale,
 Tout y parlerait
 A l'âme en secret
Sa douce langue natale.

Là, tout n'est qu'ordre et beauté,
Luxe, calme et volupté.

Vois sur ces canaux
　　Dormir ces vaisseaux
Dont l'humeur est vagabonde;
　　C'est pour assouvir
　　Ton moindre désir
Qu'ils viennent du bout du monde.
　　— Les soleils couchants
　　Revêtent les champs,
Les canaux, la ville entière,
　　D'hyacinthe et d'or;
　　Le monde s'endort
Dans une chaude lumière.

Là, tout n'est qu'ordre et beauté,
Luxe, calme et volupté.

LIV

L'Irréparable

POUVONS-NOUS étouffer le vieux, le long Remords,
　　Qui vit, s'agite et se tortille,
Et se nourrit de nous comme le ver des morts,
　　Comme du chêne la chenille?
Pouvons-nous étouffer l'implacable Remords?

Dans quel philtre, dans quel vin, dans quelle tisane,
　　Noierons-nous ce vieil ennemi,
Destructeur et gourmand comme la courtisane,
　　Patient comme la fourmi?
Dans quel philtre? — dans quel vin? — dans quelle tisane?

Dis-le, belle sorcière, oh! dis, si tu le sais,
  A cet esprit comblé d'angoisse
Et pareil au mourant qu'écrasent les blessés,
  Que le sabot du cheval froisse,
Dis-le, belle sorcière, oh! dis, si tu le sais,

A cet agonisant que le loup déjà flaire
  Et que surveille le corbeau,
A ce soldat brisé! s'il faut qu'il désespère
  D'avoir sa croix et son tombeau;
Ce pauvre agonisant que déjà le loup flaire!

Peut-on illuminer un ciel bourbeux et noir?
  Peut-on déchirer des ténèbres
Plus denses que la poix, sans matin et sans soir,
  Sans astres, sans éclairs funèbres?
Peut-on illuminer un ciel bourbeux et noir?

L'Espérance qui brille aux carreaux de l'Auberge
  Est soufflée, est morte à jamais!
Sans lune et sans rayons, trouver où l'on héberge
  Les martyrs d'un chemin mauvais!
Le Diable a tout éteint aux carreaux de l'Auberge!

Adorable sorcière, aimes-tu les damnés!
  Dis, connais-tu l'irrémissible?
Connais-tu le Remords, aux traits empoisonnés,
  A qui notre cœur sert de cible?
Adorable sorcière, aimes-tu les damnés?

L'Irréparable ronge avec sa dent maudite
  Notre âme, piteux monument,
Et souvent il attaque, ainsi que le termite,
  Par la base le bâtiment.
L'Irréparable ronge avec sa dent maudite!

— J'ai vu parfois, au fond d'un théâtre banal
   Qu'enflammait l'orchestre sonore,
Une fée allumer dans un ciel infernal
   Une miraculeuse aurore;
J'ai vu parfois au fond d'un théâtre banal

Un être, qui n'était que lumière, or et gaze,
   Terrasser l'énorme Satan;
Mais mon cœur, que jamais ne visite l'extase,
   Est un théâtre où l'on attend
Toujours, toujours en vain, l'Être aux ailes de gaze!

LV

Causerie

VOUS êtes un beau ciel d'automne, clair et rose!
  Mais la tristesse en moi monte comme la mer,
Et laisse, en refluant, sur ma lèvre morose
Le souvenir cuisant de son limon amer.

— Ta main se glisse en vain sur mon sein qui se
    pâme;
Ce qu'elle cherche, amie, est un lieu saccagé
Par la griffe et la dent féroce de la femme.
Ne cherchez plus mon cœur; les bêtes l'ont mangé.

Mon cœur est un palais flétri par la cohue;
On s'y soûle, on s'y tue, on s'y prend aux cheveux!
— Un parfum nage autour de votre gorge nue!…

O Beauté, dur fléau des âmes, tu le veux!
Avec tes yeux de feu, brillants comme des fêtes,
Calcine ces lambeaux qu'ont épargnés les bêtes!

LVI

Chant d'Automne

i

BIENTÔT nous plongerons dans les froides ténèbres;
　Adieu, vive clarté de nos étés trop courts!
J'entends déjà tomber avec des chocs funèbres
Le bois retentissant sur le pavé des cours.

Tout l'hiver va rentrer dans mon être: colère,
Haine, frissons, horreur, labeur dur et forcé,
Et, comme le soleil dans son enfer polaire,
Mon cœur ne sera plus qu'un bloc rouge et glacé.

J'écoute en frémissant chaque bûche qui tombe;
L'échafaud qu'on bâtit n'a pas d'écho plus sourd.
Mon esprit est pareil à la tour qui succombe
Sous les coups du bélier infatigable et lourd.

Il me semble, bercé par ce choc monotone,
Qu'on cloue en grande hâte un cercueil quelque part.
Pour qui? — C'était hier l'été; voici l'automne!
Ce bruit mystérieux sonne comme un départ.

ii

J'aime de vos longs yeux la lumière verdâtre,
Douce beauté, mais tout aujourd'hui m'est amer,
Et rien, ni votre amour, ni le boudoir, ni l'âtre,
Ne me vaut le soleil rayonnant sur la mer.

Et pourtant aimez-moi, tendre cœur! soyez mère,
Même pour un ingrat, même pour un méchant;
Amante ou sœur, soyez la douceur éphémère
D'un glorieux automne ou d'un soleil couchant.

Courte tâche! La tombe attend; elle est avide!
Ah! laissez-moi, mon front posé sur vos genoux,
Goûter, en regrettant l'été blanc et torride,
De l'arrière-saison le rayon jaune et doux!

LVII

A une Madone

EX-VOTO DANS LE GOÛT ESPAGNOL

JE veux bâtir pour toi, Madone, ma maîtresse,
    Un autel souterrain au fond de ma détresse,
Et creuser dans le coin le plus noir de mon cœur,
Loin du désir mondain et du regard moqueur,
Une niche, d'azur et d'or tout émaillée,
Où tu te dresseras, Statue émerveillée.
Avec mes Vers polis, treillis d'un pur métal
Savamment constellé de rimes de cristal,
Je ferai pour ta tête une énorme Couronne;
Et dans ma Jalousie, ô mortelle Madone,
Je saurai te tailler un Manteau, de façon
Barbare, roide et lourd, et doublé de soupçon,
Qui, comme une guérite, enfermera tes charmes;
Non de Perles brodé, mais de toutes mes Larmes!
Ta Robe, ce sera mon Désir, frémissant,
Onduleux, mon Désir qui monte et qui descend,
Aux pointes se balance, aux vallons se repose,
Et revêt d'un baiser tout ton corps blanc et rose.
Je te ferai de mon Respect de beaux Souliers

De satin, par tes pieds divins humiliés,
Qui, les emprisonnant dans une molle étreinte,
Comme un moule fidèle en garderont l'empreinte.
Si je ne puis, malgré tout mon art diligent,
Pour Marchepied tailler une Lune d'argent,
Je mettrai le Serpent qui me mord les entrailles
Sous tes talons, afin que tu foules et railles,
Reine victorieuse et féconde en rachats,
Ce monstre tout gonflé de haine et de crachats.
Tu verras mes Pensers, rangés comme les Cierges
Devant l'autel fleuri de la Reine des Vierges,
Étoilant de reflets le plafond peint en bleu,
Te regarder toujours avec des yeux de feu;
Et comme tout en moi te chérit et t'admire,
Tout se fera Benjoin, Encens, Oliban, Myrrhe,
Et sans cesse vers toi, sommet blanc et neigeux,
En Vapeurs montera mon Esprit orageux.

Enfin, pour compléter ton rôle de Marie,
Et pour mêler l'amour avec la barbarie,
Volupté noire! des sept Péchés capitaux,
Bourreau plein de remords, je ferai sept Couteaux
Bien affilés, et comme un jongleur insensible,
Prenant le plus profond de ton amour pour cible,
Je les planterai tous dans ton Cœur pantelant,
Dans ton Cœur sanglotant, dans ton Cœur ruisselant!

LVIII

Chanson d'Après-Midi

QUOIQUE tes sourcils méchants
Te donnent un air étrange
Qui n'est pas celui d'un ange,
Sorcière aux yeux alléchants,

Je t'adore, ô ma frivole,
Ma terrible passion!
Avec la dévotion
Du prêtre pour son idole.

Le désert et la forêt
Embaument tes tresses rudes;
Ta tête a les attitudes
De l'énigme et du secret.

Sur ta chair le parfum rôde
Comme autour d'un encensoir;
Tu charmes comme le soir,
Nymphe ténébreuse et chaude.

Ah! les philtres les plus forts
Ne valent pas ta paresse,
Et tu connais la caresse
Qui fait revivre les morts!

Tes hanches sont amoureuses
De ton dos et de tes seins,
Et tu ravis les coussins
Par tes poses langoureuses.

Quelquefois, pour apaiser
Ta rage mystérieuse,
Tu prodigues, sérieuse,
La morsure et le baiser;

Tu me déchires, ma brune,
Avec un rire moqueur,
Et puis tu mets sur mon cœur
Ton œil doux comme la lune.

Sous tes souliers de satin,
Sous tes charmants pieds de soie,
Moi, je mets ma grande joie,
Mon génie et mon destin,

Mon âme par toi guérie,
Par toi, lumière et couleur !
Explosion de chaleur
Dans ma noire Sibérie !

LIX

Sisina

IMAGINEZ Diane en galant équipage,
   Parcourant les forêts ou battant les halliers,
Cheveux et gorge au vent, s'enivrant de tapage,
Superbe et défiant les meilleurs cavaliers !

Avez-vous vu Théroigne, amante du carnage,
Excitant à l'assaut un peuple sans souliers,
La joue et l'œil en feu, jouant son personnage,
Et montant, sabre au poing, les royaux escaliers?

Telle la Sisina! Mais la douce guerrière
A l'âme charitable autant que meurtrière,
Son courage, affolé de poudre et de tambours;

Devant les suppliants sait mettre bas les armes,
Et son cœur, ravagé par la flamme, a toujours,
Pour qui s'en montre digne, un réservoir de larmes.

LX

Franciscæ Meæ Laudes

VERS COMPOSÉS POUR UNE MODISTE ÉRUDITE ET DÉVOTE

NOVIS te cantabo chordis,
   O novelletum quod ludis
In solitudine cordis.

Esto sertis implicata,
O femina delicata,
Per quam solvuntur peccata!

Sicut beneficum Lethe,
Hauriam oscula de te,
Quæ imbuta es magnete.

Quum vitiorum tempestas
Turbabat omnes semitas,
Apparuisti, Deitas.

Velut stella salutaris
In naufragiis amaris. . . .
—Suspendam cor tuis aris!

Piscina plena virtutis,
Fons æternæ juventutis,
Labris vocem redde mutis!

Quod erat spurcum, cremasti;
Quod rudius, exæquasti;
Quod debile, confirmasti!

In fame mea taberna,
In nocte mea lucerna,
Recte me semper guberna.

Adde nunc vires viribus,
Dulce balneum suavibus
Unguentatum odoribus!

Meos circa lumbos mica,
O castitatis lorica,
Aqua tincta seraphica ;

Patera gemmis corusca,
Panis salsus, mollis esca,
Divinum vinum, Francisca!

LXI

A une Dame Créole

AU pays parfumé que le soleil caresse,
J'ai connu, sous un dais d'arbres tout empourprés
Et de palmiers d'où pleut sur les yeux la paresse,
Une dame créole aux charmes ignorés.

Son teint est pâle et chaud; la brune enchanteresse
A dans le cou des airs noblement maniérés;
Grande et svelte en marchant comme une chasseresse,
Son sourire est tranquille et ses yeux assurés.

Si vous alliez, Madame, au vrai pays de gloire,
Sur les bords de la Seine ou de la verte Loire,
Belle digne d'orner les antiques manoirs,

Vous feriez, à l'abri des ombreuses retraites,
Germer mille sonnets dans le cœur des poëtes,
Que vos grands yeux rendraient plus soumis que vos noirs.

LXII

Mœsta et Errabunda

DIS-MOI, ton cœur parfois s'envole-t-il, Agathe,
Loin du noir océan de l'immonde cité,
Vers un autre océan où la splendeur éclate,
Bleu, clair, profond, ainsi que la virginité?
Dis-moi, ton cœur parfois s'envole-t-il, Agathe?

La mer, la vaste mer, console nos labeurs!
Quel démon a doté la mer, rauque chanteuse
Qu'accompagne l'immense orgue des vents grondeurs,
De cette fonction sublime de berceuse?
La mer, la vaste mer, console nos labeurs!

Emporte-moi, wagon! enlève-moi, frégate!
Loin! loin! ici la boue est faite de nos pleurs!
— Est-il vrai que parfois le triste cœur d'Agathe
Dise: Loin des remords, des crimes, des douleurs,
Emporte-moi, wagon, enlève-moi, frégate?

Comme vous êtes loin, paradis parfumé,
Où sous un clair azur tout n'est qu'amour et joie,
Où tout ce que l'on aime est digne d'être aimé!
Où dans la volupté pure le cœur se noie!
Comme vous êtes loin, paradis parfumé!

Mais le vert paradis des amours enfantines,
Les courses, les chansons, les baisers, les bouquets,
Les violons vibrant derrière les collines,
Avec les brocs de vin, le soir, dans les bosquets,
— Mais le vert paradis des amours enfantines,

L'innocent paradis, plein de plaisirs furtifs,
Est-il déjà plus loin que l'Inde et que la Chine?
Peut-on le rappeler avec des cris plaintifs,
Et l'animer encor d'une voix argentine,
L'innocent paradis plein de plaisirs furtifs?

LXIII

Le Revenant

COMME les anges à l'œil fauve,
Je reviendrai dans ton alcôve
Et vers toi glisserai sans bruit
Avec les ombres de la nuit;

Et je te donnerai, ma brune,
Des baisers froids comme la lune
Et des caresses de serpent
Autour d'une fosse rampant.

Quand viendra le matin livide,
Tu trouveras ma place vide,
Où jusqu'au soir il fera froid.

Comme d'autres par la tendresse,
Sur ta vie et sur ta jeunesse,
Moi, je veux régner par l'effroi!

LXIV

Sonnet d'Automne

ILS me disent, tes yeux, clairs comme le cristal:
« Pour toi, bizarre amant, quel est donc mon mérite? »
— Sois charmante et tais-toi! Mon cœur, que tout irrite,
Excepté la candeur de l'antique animal,

Ne veut pas te montrer son secret infernal,
Berceuse dont la main aux longs sommeils m'invite,
Ni sa noire légende avec la flamme écrite.
Je hais la passion et l'esprit me fait mal!

Aimons-nous doucement. L'Amour dans sa guérite,
Ténébreux, embusqué, bande son arc fatal.
Je connais les engins de son vieil arsenal:

Crime, horreur et folie! — O pâle marguerite!
Comme moi n'es-tu pas un soleil automnal,
O ma si blanche, ô ma si froide Marguerite?

LXV
Tristesses de la Lune

CE soir, la lune rêve avec plus de paresse;
    Ainsi qu'une beauté, sur de nombreux coussins,
Qui d'une main distraite et légère caresse,
Avant de s'endormir, le contour de ses seins,

Sur le dos satiné des molles avalanches,
Mourante, elle se livre aux longues pâmoisons,
Et promène ses yeux sur les visions blanches
Qui montent dans l'azur comme des floraisons.

Quand parfois sur ce globe, en sa langueur oisive,
Elle laisse filer une larme furtive,
Un poëte pieux, ennemi du sommeil,

Dans le creux de sa main prend cette larme pâle,
Aux reflets irisés comme un fragment d'opale,
Et la met dans son cœur loin des yeux du soleil.

LXVI

Les Chats

L ES amoureux fervents et les savants austères
    Aiment également, dans leur mûre saison,
Les chats puissants et doux, orgueil de la maison,
Qui comme eux sont frileux et comme eux sédentaires.

Amis de la science et de la volupté,
Ils cherchent le silence et l'horreur des ténèbres;
L'Érèbe les eût pris pour ses coursiers funèbres,
S'ils pouvaient au servage incliner leur fierté.

Ils prennent en songeant les nobles attitudes
Des grands sphinx allongés au fond des solitudes,
Qui semblent s'endormir dans un rêve sans fin;

Leurs reins féconds sont pleins d'étincelles magiques,
Et des parcelles d'or, ainsi qu'un sable fin,
Étoilent vaguement leurs prunelles mystiques.

LXVII

Les Hiboux

S OUS les ifs noirs qui les abritent,
    Les hiboux se tiennent rangés,
Ainsi que des dieux étrangers,
Dardant leur œil rouge. Ils méditent.

Sans remuer ils se tiendront
Jusqu'à l'heure mélancolique
Où, poussant le soleil oblique,
Les ténèbres s'établiront.

Leur attitude au sage enseigne
Qu'il faut en ce monde qu'il craigne
Le tumulte et le mouvement;

L'homme ivre d'une ombre qui passe
Porte toujours le châtiment
D'avoir voulu changer de place.

LXVIII

La Pipe

JE suis la pipe d'un auteur;
   On voit, à contempler ma mine
D'Abyssinienne ou de Cafrine,
Que mon maître est un grand fumeur.

Quand il est comblé de douleur,
Je fume comme la chaumine
Où se prépare la cuisine
Pour le retour du laboureur.

J'enlace et je berce son âme
Dans le réseau mobile et bleu
Qui monte de ma bouche en feu,

Et je roule un puissant dictame
Qui charme son cœur et guérit
De ses fatigues son esprit.

LXIX

La Musique

LA musique souvent me prend comme une mer!
   Vers ma pâle étoile,
Sous un plafond de brume ou dans un vaste éther,
  Je mets à la voile;

La poitrine en avant et les poumons gonflés
   Comme de la toile,
J'escalade le dos des flots amoncelés
   Que la nuit me voile;

Je sens vibrer en moi toutes les passions
   D'un vaisseau qui souffre;
Le bon vent, la tempête et ses convulsions

   Sur l'immense gouffre
Me bercent. D'autres fois, calme plat, grand miroir
   De mon désespoir!

LXX

Sépulture

SI par une nuit lourde et sombre
   Un bon chrétien, par charité,
Derrière quelque vieux décombre
Enterre votre corps vanté,

A l'heure où les chastes étoiles
Ferment leurs yeux appesantis,
L'araignée y fera ses toiles,
Et la vipère ses petits;

Vous entendrez toute l'année
Sur votre tête condamnée
Les cris lamentables des loups

Et des sorcières faméliques,
Les ébats des vieillards lubriques
Et les complots des noirs filous.

LXXI

Une Gravure Fantastique

CE spectre singulier n'a pour toute toilette,
　　Grotesquement campé sur son front de squelette,
Qu'un diadème affreux sentant le carnaval.
Sans éperons, sans fouet, il essouffle un cheval,
Fantôme comme lui, rosse apocalyptique,
Qui bave des naseaux comme un épileptique.
Au travers de l'espace ils s'enfoncent tous deux,
Et foulent l'infini d'un sabot hasardeux.
Le cavalier promène un sabre qui flamboie
Sur les foules sans nom que sa monture broie,
Et parcourt, comme un prince inspectant sa maison,
Le cimetière immense et froid, sans horizon,
Où gisent, aux lueurs d'un soleil blanc et terne,
Les peuples de l'histoire ancienne et moderne.

LXXII

Le Mort Joyeux

DANS une terre grasse et pleine d'escargots
　　Je veux creuser moi-même une fosse profonde,
Où je puisse à loisir étaler mes vieux os
Et dormir dans l'oubli comme un requin dans l'onde.

Je hais les testaments et je hais les tombeaux;
Plutôt que d'implorer une larme du monde,
Vivant, j'aimerais mieux inviter les corbeaux
A saigner tous les bouts de ma carcasse immonde.

O vers! noirs compagnons sans oreille et sans yeux,
Voyez venir à vous un mort libre et joyeux;
Philosophes viveurs, fils de la pourriture,

A travers ma ruine allez donc sans remords,
Et dites-moi s'il est encor quelque torture
Pour ce vieux corps sans âme et mort parmi les morts!

LXXIII

Le Tonneau de la Haine

LA Haine est le tonneau des pâles Danaïdes;
    La Vengeance éperdue aux bras rouges et forts
A beau précipiter dans ses ténèbres vides
De grands seaux pleins du sang et des larmes des morts,

Le Démon fait des trous secrets à ces abîmes,
Par où fuiraient mille ans de sueurs et d'efforts,
Quand même elle saurait ranimer ses victimes,
Et pour les pressurer ressusciter leurs corps.

La Haine est un ivrogne au fond d'une taverne,
Qui sent toujours la soif naître de la liqueur
Et se multiplier comme l'hydre de Lerne.

— Mais les buveurs heureux connaissent leur vainqueur,
Et la Haine est vouée à ce sort lamentable
De ne pouvoir jamais s'endormir sous la table.

LXXIV

La Cloche Fêlée

IL est amer et doux, pendant les nuits d'hiver,
    D'écouter, près du feu qui palpite et qui fume
Les souvenirs lointains lentement s'élever
Au bruit des carillons qui chantent dans la brume.

Bienheureuse la cloche au gosier vigoureux
Qui, malgré sa vieillesse, alerte et bien portante,
Jette fidèlement son cri religieux,
Ainsi qu'un vieux soldat qui veille sous la tente!

Moi, mon âme est fêlée, et lorsqu'en ses ennuis
Elle veut de ses chants peupler l'air froid des nuits,
Il arrive souvent que sa voix affaiblie

Semble le râle épais d'un blessé qu'on oublie
Au bord d'un lac de sang, sous un grand tas de morts,
Et qui meurt, sans bouger, dans d'immenses efforts.

LXXV

Spleen

PLUVIOSE, irrité contre la ville entière,
    De son urne à grands flots verse un froid ténébreux
Aux pâles habitants du voisin cimetière
Et la mortalité sur les faubourgs brumeux.

Mon chat sur le carreau cherchant une litière
Agite sans repos son corps maigre et galeux;
L'âme d'un vieux poëte erre dans la gouttière
Avec la triste voix d'un fantôme frileux.

Le bourdon se lamente, et la bûche enfumée
Accompagne en fausset la pendule enrhumée,
Cependant qu'en un jeu plein de sales parfums,

Héritage fatal d'une vieille hydropique,
Le beau valet de cœur et la dame de pique
Causent sinistrement de leurs amours défunts.

LXXVI

Spleen

J'AI plus de souvenirs que si j'avais mille ans.
    Un gros meuble à tiroirs encombré de bilans,
De vers, de billets doux, de procès, de romances,
Avec de lourds cheveux roulés dans des quittances,
Cache moins de secrets que mon triste cerveau.
C'est une pyramide, un immense caveau,
Qui contient plus de morts que la fosse commune.
— Je suis un cimetière abhorré de la lune,
Où, comme des remords se traînent de longs vers
Qui s'acharnent toujours sur mes morts les plus chers.
Je suis un vieux boudoir plein de roses fanées,
Où gît tout un fouillis de modes surannées,
Où les pastels plaintifs et les pâles Boucher,
Seuls, respirent l'odeur d'un flacon débouché.

Rien n'égale en longueur les boiteuses journées,
Quand sous les lourds flocons des neigeuses années
L'ennui, fruit de la morne incuriosité,
Prend les proportions de l'immortalité.
— Désormais tu n'es plus, ô matière vivante!
Qu'un granit entouré d'une vague épouvante,
Assoupi dans le fond d'un Saharah brumeux ;
Un vieux sphinx ignoré du monde insoucieux,
Oublié sur la carte, et dont l'humeur farouche
Ne chante qu'aux rayons du soleil qui se couche.

LXXVII

Spleen

JE suis comme le roi d'un pays pluvieux,
　　Riche, mais impuissant, jeune et pourtant très vieux,
Qui, de ses précepteurs méprisant les courbettes,
S'ennuie avec ses chiens comme avec d'autres bêtes.
Rien ne peut l'égayer, ni gibier, ni faucon,
Ni son peuple mourant en face du balcon.
Du bouffon favori la grotesque ballade
Ne distrait plus le front de ce cruel malade;
Son lit fleurdelisé se transforme en tombeau,
Et les dames d'atour, pour qui tout prince est beau,
Ne savent plus trouver d'impudique toilette
Pour tirer un souris de ce jeune squelette.
Le savant qui lui fait de l'or n'a jamais pu
De son être extirper l'élément corrompu,
Et dans ces bains de sang qui des Romains nous viennent,
Et dont sur leurs vieux jours les puissants se souviennent,
Il n'a su réchauffer ce cadavre hébété
Où coule au lieu de sang l'eau verte du Léthé.

LXXVIII

Spleen

QUAND le ciel bas et lourd pèse comme un couvercle
　　Sur l'esprit gémissant en proie aux longs ennuis,
Et que de l'horizon embrassant tout le cercle
Il nous verse un jour noir plus triste que les nuits;

Quand la terre est changée en un cachot humide,
Où l'Espérance, comme une chauve-souris,
S'en va battant les murs de son aile timide
Et se cognant la tête à des plafonds pourris;

Quand la pluie étalant ses immenses traînées
D'une vaste prison imite les barreaux,
Et qu'un peuple muet d'infâmes araignées
Vient tendre ses filets au fond de nos cerveaux,

Des cloches tout à coup sautent avec furie
Et lancent vers le ciel un affreux hurlement,
Ainsi que des esprits errants et sans patrie
Qui se mettent à geindre opiniâtrément.

— Et de longs corbillards, sans tambours ni musique,
Défilent lentement dans mon âme; l'Espoir,
Vaincu, pleure, et l'Angoisse atroce, despotique,
Sur mon crâne incliné plante son drapeau noir.

LXXIX

Obsession

GRANDS bois, vous m'effrayez comme des cathédrales;
Vous hurlez comme l'orgue; et dans nos cœurs maudits,
Chambres d'éternel deuil où vibrent de vieux râles,
Répondent les échos de vos *De profundis*.

Je te hais, Océan! tes bonds et tes tumultes,
Mon esprit les retrouve en lui; ce rire amer
De l'homme vaincu, plein de sanglots et d'insultes,
Je l'entends dans le rire énorme de la mer.

Comme tu me plairais, ô nuit! sans ces étoiles
Dont la lumière parle un langage connu!
Car je cherche le vide, et le noir, et le nu!

Mais les ténèbres sont elles-mêmes des toiles
Où vivent, jaillissant de mon œil par milliers,
Des êtres disparus aux regards familiers.

LXXX

Le Goût du Néant

MORNE esprit, autrefois amoureux de la lutte,
  L'Espoir, dont l'éperon attisait ton ardeur,
Ne veut plus t'enfourcher! Couche-toi sans pudeur
Vieux cheval dont le pied à chaque obstacle butte.

Résigne-toi, mon cœur; dors ton sommeil de brute.

Esprit vaincu, fourbu! Pour toi, vieux maraudeur,
L'amour n'a plus de goût, non plus que la dispute;
Adieu donc, chants du cuivre et soupirs de la flûte!
Plaisirs, ne tentez plus un cœur sombre et boudeur!

Le Printemps adorable a perdu son odeur!

Et le Temps m'engloutit minute par minute,
Comme la neige immense un corps pris de roideur;
Je contemple d'en haut le globe en sa rondeur,
Et je n'y cherche plus l'abri d'une cahute!

Avalanche, veux-tu m'emporter dans ta chute?

LXXXI

Alchimie de la Douleur

L'UN t'éclaire avec son ardeur,
  L'autre en toi met son deuil, Nature!
Ce qui dit à l'un: Sépulture!
Dit à l'autre: Vie et splendeur!

Hermès inconnu qui m'assistes
Et qui toujours m'intimidas,
Tu me rends l'égal de Midas,
Le plus triste des alchimistes;

Par toi je change l'or en fer
Et le paradis en enfer;
Dans le suaire des nuages

Je découvre un cadavre cher,
Et sur les célestes rivages
Je bâtis de grands sarcophages.

LXXXII

Horreur Sympathique

DE ce ciel bizarre et livide,
    Tourmenté comme ton destin,
Quels pensers dans ton âme vide
Descendent? réponds, libertin.

— Insatiablement avide
De l'obscur et de l'incertain,
Je ne geindrai pas comme Ovide
Chassé du paradis latin.

Cieux déchirés comme des grèves,
En vous se mire mon orgueil;
Vos vastes nuages en deuil

Sont les corbillards de mes rêves,
Et vos lueurs sont le reflet
De l'Enfer où mon cœur se plaît.

LXXXIII

L'Héautontimorouménos

A J.G.F.

JE te frapperai sans colère
    Et sans haine, comme un boucher,
Comme Moïse le rocher!
Et je ferai de ta paupière,

Pour abreuver mon Sahara,
Jaillir les eaux de la souffrance.
Mon désir gonflé d'espérance
Sur tes pleurs salés nagera

Comme un vaisseau qui prend le large,
Et dans mon cœur qu'ils soûleront
Tes chers sanglots retentiront
Comme un tambour qui bat la charge!

Ne suis-je pas un faux accord
Dans la divine symphonie,
Grâce à la vorace Ironie
Qui me secoue et qui me mord?

Elle est dans ma voix, la criarde!
C'est tout mon sang, ce poison noir!
Je suis le sinistre miroir
Où la mégère se regarde!

Je suis la plaie et le couteau!
Je suis le soufflet et la joue!
Je suis les membres et la roue,
Et la victime et le bourreau!

Je suis de mon cœur le vampire,
— Un de ces grands abandonnés
Au rire éternel condamnés,
Et qui ne peuvent plus sourire!

LXXXIV

L'Irrémédiable

UNE Idée, une Forme, un Être
Parti de l'azur et tombé
Dans un Styx bourbeux et plombé
Où nul œil du Ciel ne pénètre;

Un Ange, imprudent voyageur
Qu'a tenté l'amour du difforme,
Au fond d'un cauchemar énorme
Se débattant comme un nageur,

Et luttant, angoisses funèbres!
Contre un gigantesque remous
Qui va chantant comme les fous
Et pirouettant dans les ténèbres;

Un malheureux ensorcelé
Dans ses tâtonnements futiles,
Pour fuir d'un lieu plein de reptiles,
Cherchant la lumière et la clé;

Un damné descendant sans lampe,
Au bord d'un gouffre dont l'odeur
Trahit l'humide profondeur,
D'éternels escaliers sans rampe,

Où veillent des monstres visqueux
Dont les larges yeux de phosphore
Font une nuit plus noire encore
Et ne rendent visibles qu'eux;

Un navire pris dans le pôle,
Comme en un piège de cristal,
Cherchant par quel détroit fatal
Il est tombé dans cette geôle;

— Emblèmes nets, tableau parfait
D'une fortune irrémédiable,
Qui donne à penser que le Diable
Fait toujours bien tout ce qu'il fait!

ii

Tête-à-tête sombre et limpide
Qu'un cœur devenu son miroir!
Puits de Vérité, clair et noir,
Où tremble une étoile livide,

Un phare ironique, infernal,
Flambeau des grâces sataniques,
Soulagement et gloire uniques,
— La conscience dans le Mal!

LXXXV

L'Horloge

HORLOGE! dieu sinistre, effrayant, impassible,
    Dont le doigt nous menace et nous dit: « *Souviens-toi !*
Les vibrantes Douleurs dans ton cœur plein d'effroi
Se planteront bientôt comme dans une cible;

Le Plaisir vaporeux fuira vers l'horizon
Ainsi qu'une sylphide au fond de la coulisse;
Chaque instant te dévore un morceau du délice
A chaque homme accordé pour toute sa saison.

Trois mille six cents fois par heure, la Seconde
Chuchote: *Souviens-toi !* — Rapide avec sa voix
D'insecte, Maintenant dit: Je suis Autrefois,
Et j'ai pompé ta vie avec ma trompe immonde!

Remember ! Souviens-toi ! prodigue, *Esto memor !*
(Mon gosier de métal parle toutes les langues.)
Les minutes, mortel folâtre, sont des gangues
Qu'il ne faut pas lâcher sans en extraire l'or!

Souviens-toi que le Temps est un joueur avide
Qui gagne sans tricher, à tout coup! c'est la loi.
Le jour décroît; la nuit augmente; *souviens-toi !*
Le gouffre a toujours soif; la clepsydre se vide.

Tantôt sonnera l'heure où le divin Hasard,
Où l'auguste Vertu, ton épouse encor vierge,
Où le Repentir même (oh! la dernière auberge!),
Où tout te dira: Meurs, vieux lâche! il est trop tard!»

TABLEAUX PARISIENS

LXXXVI

Paysage

JE veux, pour composer chastement mes églogues,
    Coucher auprès du ciel, comme les astrologues,
Et, voisin des clochers, écouter en rêvant
Leurs hymnes solennels emportés par le vent.
Les deux mains au menton, du haut de ma mansarde,
Je verrai l'atelier qui chante et qui bavarde;
Les tuyaux, les clochers, ces mâts de la cité,
Et les grands ciels qui font rêver d'éternité.

Il est doux, à travers les brumes, de voir naître
L'étoile dans l'azur, la lampe à la fenêtre,
Les fleuves de charbon monter au firmament
Et la lune verser son pâle enchantement.
Je verrai les printemps, les étés, les automnes;
Et quand viendra l'hiver aux neiges monotones,
Je fermerai partout portières et volets
Pour bâtir dans la nuit mes féeriques palais.
Alors je rêverai des horizons bleuâtres,
Des jardins, des jets d'eau pleurant dans les albâtres,
Des baisers, des oiseaux chantant soir et matin,
Et tout ce que l'Idylle a de plus enfantin.

L'Émeute, tempêtant vainement à ma vitre,
Ne fera pas lever mon front de mon pupitre;
Car je serai plongé dans cette volupté
D'évoquer le Printemps avec ma volonté,
De tirer un soleil de mon cœur, et de faire
De mes pensers brûlants une tiède atmosphère.

LXXXVII

Le Soleil

LE long du vieux faubourg, où pendent aux masures
     Les persiennes, abri des secrètes luxures,
Quand le soleil cruel frappe à traits redoublés
Sur la ville et les champs, sur les toits et les blés,
Je vais m'exercer seul à ma fantasque escrime,
Flairant dans tous les coins les hasards de la rime,
Trébuchant sur les mots comme sur les pavés,
Heurtant parfois des vers depuis longtemps rêvés.

Ce père nourricier, ennemi des chloroses,
Éveille dans les champs les vers comme les roses;
Il fait s'évaporer les soucis vers le ciel,
Et remplit les cerveaux et les ruches de miel.
C'est lui qui rajeunit les porteurs de béquilles
Et les rend gais et doux comme des jeunes filles,
Et commande aux moissons de croître et de mûrir
Dans le cœur immortel qui toujours veut fleurir!

Quand, ainsi qu'un poëte, il descend dans les villes,
Il ennoblit le sort des choses les plus viles,
Et s'introduit en roi, sans bruit et sans valets,
Dans tous les hôpitaux et dans tous les palais.

LXXXVIII

A une Mendiante Rousse

BLANCHE fille aux cheveux roux
   Dont la robe par ses trous
Laisse voir la pauvreté
   Et la beauté,

Pour moi, poëte chétif,
Ton jeune corps maladif,
Plein de taches de rousseur,
   A sa douceur.

Tu portes plus galamment
Qu'une reine de roman
Ses cothurnes de velours
   Tes sabots lourds.

Au lieu d'un haillon trop court,
Qu'un superbe habit de cour
Traîne à plis bruyants et longs
   Sur tes talons;

En place de bas troués,
Que pour les yeux des roués
Sur ta jambe un poignard d'or
   Reluise encor;

Que des nœuds mal attachés
Dévoilent pour nos péchés
Tes deux beaux seins, radieux
   Comme des yeux;

Que pour te déshabiller
Tes bras se fassent prier
Et chassent à coups mutins
   Les doigts lutins,

Perles de la plus belle eau,
Sonnets de maître Belleau
Par tes galants mis aux fers
    Sans cesse offerts,

Valetaille de rimeurs
Te dédiant leurs primeurs
Et contemplant ton soulier
    Sous l'escalier,

Maint page épris du hasard,
Maint seigneur et maint Ronsard
Épieraient pour le déduit
    Ton frais réduit!

Tu compterais dans tes lits
Plus de baisers que de lis
Et rangerais sous tes lois
    Plus d'un Valois!

— Cependant tu vas gueusant
Quelque vieux débris gisant
Au seuil de quelque Véfour
    De carrefour;

Tu vas lorgnant en dessous
Des bijoux de vingt-neuf sous
Dont je ne puis, oh! pardon!
    Te faire don.

Va donc, sans autre ornement,
Parfum, perles, diamant,
Que ta maigre nudité,
    O ma beauté!

LXXXIX

Le Cygne

A VICTOR HUGO

i

ANDROMAQUE, je pense à vous! Ce petit fleuve,
 Pauvre et triste miroir où jadis resplendit
L'immense majesté de vos douleurs de veuve,
Ce Simoïs menteur qui par vos pleurs grandit,

A fécondé soudain ma mémoire fertile,
Comme je traversais le nouveau Carrousel.
Le vieux Paris n'est plus (la forme d'une ville
Change plus vite, hélas! que le cœur d'un mortel);

Je ne vois qu'en esprit tout ce camp de baraques,
Ces tas de chapiteaux ébauchés et de fûts,
Les herbes, les gros blocs verdis par l'eau des flaques,
Et, brillant aux carreaux, le bric-à-brac confus.

Là s'étalait jadis une ménagerie;
Là je vis, un matin, à l'heure où sous les cieux
Froids et clairs le Travail s'éveille, où la voirie
Pousse un sombre ouragan dans l'air silencieux,

Un cygne qui s'était évadé de sa cage,
Et, de ses pieds palmés frottant le pavé sec,
Sur le sol raboteux traînait son blanc plumage.
Près d'un ruisseau sans eau la bête ouvrant le bec

Baignait nerveusement ses ailes dans la poudre,
Et disait, le cœur plein de son beau lac natal:
«Eau, quand donc pleuvras-tu? quand tonneras-tu, foudre?»
Je vois ce malheureux, mythe étrange et fatal,

Vers le ciel quelquefois, comme l'homme d'Ovide,
Vers le ciel ironique et cruellement bleu,
Sur son cou convulsif tendant sa tête avide,
Comme s'il adressait des reproches à Dieu!

ii

Paris change! mais rien dans ma mélancolie
N'a bougé! palais neufs, échafaudages, blocs,
Vieux faubourgs, tout pour moi devient allégorie,
Et mes chers souvenirs sont plus lourds que des rocs.

Aussi devant ce Louvre une image m'opprime:
Je pense à mon grand cygne, avec ses gestes fous,
Comme les exilés, ridicule et sublime,
Et rongé d'un désir sans trêve! et puis à vous,

Andromaque, des bras d'un grand époux tombée,
Vil bétail, sous la main du superbe Pyrrhus,
Auprès d'un tombeau vide en extase courbée;
Veuve d'Hector, hélas! et femme d'Hélénus!

Je pense à la négresse, amaigrie et phtisique,
Piétinant dans la boue, et cherchant, l'œil hagard,
Les cocotiers absents de la superbe Afrique
Derrière la muraille immense du brouillard;

A quiconque a perdu ce qui ne se retrouve
Jamais, jamais! à ceux qui s'abreuvent de pleurs
Et tettent la Douleur comme une bonne louve!
Aux maigres orphelins séchant comme des fleurs!

Ainsi dans la forêt où mon esprit s'exile
Un vieux Souvenir sonne à plein souffle du cor!
Je pense aux matelots oubliés dans une île,
Aux captifs, aux vaincus! . . . à bien d'autres encor!

XC

Les Sept Vieillards

A VICTOR HUGO

FOURMILLANTE cité, cité pleine de rêves,
      Où le spectre en plein jour raccroche le passant!
Les mystères partout coulent comme des sèves
Dans les canaux étroits du colosse puissant.

Un matin, cependant que dans la triste rue
Les maisons, dont la brume allongeait la hauteur,
Simulaient les deux quais d'une rivière accrue,
Et que, décor semblable à l'âme de l'acteur,

Un brouillard sale et jaune inondait tout l'espace,
Je suivais, roidissant mes nerfs comme un héros
Et discutant avec mon âme déjà lasse,
Le faubourg secoué par les lourds tombereaux.

Tout à coup, un vieillard dont les guenilles jaunes
Imitaient la couleur de ce ciel pluvieux,
Et dont l'aspect aurait fait pleuvoir les aumônes,
Sans la méchanceté qui luisait dans ses yeux,

M'apparut. On eût dit sa prunelle trempée
Dans le fiel; son regard aiguisait les frimas,
Et sa barbe à longs poils, roide comme une épée,
Se projetait, pareille à celle de Judas.

Il n'était pas voûté, mais cassé, son échine
Faisant avec sa jambe un parfait angle droit,
Si bien que son bâton, parachevant sa mine,
Lui donnait la tournure et le pas maladroit

D'un quadrupède infirme ou d'un juif à trois pattes.
Dans la neige et la boue il allait s'empêtrant,
Comme s'il écrasait des morts sous ses savates,
Hostile à l'univers plutôt qu'indifférent.

Son pareil le suivait: barbe, œil, dos, bâton, loques,
Nul trait ne distinguait, du même enfer venu,
Ce jumeau centenaire, et ces spectres baroques
Marchaient du même pas vers un but inconnu.

A quel complot infâme étais-je donc en butte,
Ou quel méchant hasard ainsi m'humiliait?
Car je comptai sept fois, de minute en minute,
Ce sinistre vieillard qui se multipliait!

Que celui-là qui rit de mon inquiétude,
Et qui n'est pas saisi d'un frisson fraternel,
Songe bien que malgré tant de décrépitude
Ces sept monstres hideux avaient l'air éternel!

Aurais-je, sans mourir, contemplé le huitième,
Sosie inexorable, ironique et fatal,
Dégoûtant Phénix, fils et père de lui-même?
— Mais je tournai le dos au cortège infernal.

Exaspéré comme un ivrogne qui voit double,
Je rentrai, je fermai ma porte, épouvanté,
Malade et morfondu, l'esprit fiévreux et trouble,
Blessé par le mystère et par l'absurdité!

Vainement ma raison voulait prendre la barre;
La tempête en jouant déroutait ses efforts,
Et mon âme dansait, dansait, vieille gabarre
Sans mâts, sur une mer monstrueuse et sans bords!

XCI

Les Petites Vieilles

A VICTOR HUGO

i

DANS les plis sinueux des vieilles capitales,
    Où tout, même l'horreur, tourne aux enchantements,
Je guette, obéissant à mes humeurs fatales,
Des êtres singuliers, décrépits et charmants.

Ces monstres disloqués furent jadis des femmes,
Éponine ou Laïs! Monstres brisés, bossus
Ou tordus, aimons-les! ce sont encor des âmes.
Sous des jupons troués et sous de froids tissus

Ils rampent, flagellés par les bises iniques,
Frémissant au fracas roulant des omnibus,
Et serrant sur leur flanc, ainsi que des reliques,
Un petit sac brodé de fleurs ou de rébus;

Ils trottent, tout pareils à des marionnettes;
Se traînent, comme font les animaux blessés,
Ou dansent, sans vouloir danser, pauvres sonnettes
Où se pend un Démon sans pitié! Tout cassés

Qu'ils sont, ils ont des yeux perçants comme une vrille,
Luisants comme ces trous où l'eau dort dans la nuit;
Ils ont les yeux divins de la petite fille
Qui s'étonne et qui rit à tout ce qui reluit.

— Avez-vous observé que maints cercueils de vieilles
Sont presque aussi petits que celui d'un enfant?
La Mort savante met dans ces bières pareilles
Un symbole d'un goût bizarre et captivant,

Et lorsque j'entrevois un fantôme débile
Traversant de Paris le fourmillant tableau,
Il me semble toujours que cet être fragile
S'en va tout doucement vers un nouveau berceau;

A moins que, méditant sur la géométrie,
Je ne cherche, à l'aspect de ces membres discords,
Combien de fois il faut que l'ouvrier varie
La forme de la boîte où l'on met tous ces corps,

— Ces yeux sont des puits faits d'un million de larmes,
Des creusets qu'un métal refroidi pailleta . . .
Ces yeux mystérieux ont d'invincibles charmes
Pour celui que l'austère Infortune allaita!

ii

De Frascati défunt, Vestale enamourée;
Prêtresse de Thalie, hélas! dont le souffleur
Enterré sait le nom; célèbre évaporée
Que Tivoli jadis ombragea dans sa fleur,

Toutes m'enivrent! mais parmi ces êtres frêles
Il en est qui, faisant de la douleur un miel,
Ont dit au Dévouement qui leur prêtait ses ailes:
Hippogriffe puissant, mène-moi jusqu'au ciel!

L'une, par sa patrie au malheur exercée,
L'autre, que son époux surchargea de douleurs,
L'autre, par son enfant Madone transpercée,
Toutes auraient pu faire un fleuve avec leurs pleurs!

iii

Ah! que j'en ai suivi, de ces petites vieilles!
Une, entre autres, à l'heure où le soleil tombant
Ensanglante le ciel de blessures vermeilles,
Pensive, s'asseyait à l'écart sur un banc,

Pour entendre un de ces concerts, riches de cuivre,
Dont les soldats parfois inondent nos jardins,
Et qui, dans ces soirs d'or où l'on se sent revivre,
Versent quelque héroïsme au cœur des citadins.

Celle-là, droite encor, fière et sentant la règle,
Humait avidement ce chant vif et guerrier;
Son œil parfois s'ouvrait comme l'œil d'un vieil aigle;
Son front de marbre avait l'air fait pour le laurier!

iv

Telles vous cheminez, stoïques et sans plaintes,
A travers le chaos des vivantes cités,
Mères au cœur saignant, courtisanes ou saintes,
Dont autrefois les noms par tous étaient cités.

Vous qui fûtes la grâce ou qui fûtes la gloire,
Nul ne vous reconnaît! un ivrogne incivil
Vous insulte en passant d'un amour dérisoire;
Sur vos talons gambade un enfant lâche et vil.

Honteuses d'exister, ombres ratatinées,
Peureuses, le dos bas, vous côtoyez les murs;
Et nul ne vous salue, étranges destinées!
Débris d'humanité pour l'éternité mûrs!

Mais moi, moi qui de loin tendrement vous surveille,
L'œil inquiet, fixé sur vos pas incertains,
Tout comme si j'étais votre père, ô merveille!
Je goûte à votre insu des plaisirs clandestins:

Je vois s'épanouir vos passions novices;
Sombres ou lumineux, je vis vos jours perdus;
Mon cœur multiplié jouit de tous vos vices!
Mon âme resplendit de toutes vos vertus!

Ruines! ma famille! ô cerveaux congénères!
Je vous fais chaque soir un solennel adieu!
Où serez-vous demain, Èves octogénaires,
Sur qui pèse la griffe effroyable de Dieu?

XCII

Les Aveugles

CONTEMPLE-LES, mon âme; ils sont vraiment affreux!
    Pareils aux mannequins; vaguement ridicules;
Terribles, singuliers comme les somnambules;
Dardant on ne sait où leurs globes ténébreux.

Leurs yeux, d'où la divine étincelle est partie,
Comme s'ils regardaient au loin, restent levés
Au ciel; on ne les voit jamais vers les pavés
Pencher rêveusement leur tête appesantie.

Ils traversent ainsi le noir illimité,
Ce frère du silence éternel. O cité!
Pendant qu'autour de nous tu chantes, ris et beugles,

Éprise du plaisir jusqu'à l'atrocité,
Vois! je me traîne aussi! mais, plus qu'eux hébété,
Je dis: Que cherchent-ils au Ciel, tous ces aveugles?

XCIII

A une Passante

L A rue assourdissante autour de moi hurlait.
       Longue, mince, en grand deuil, douleur majestueuse,
Une femme passa, d'une main fastueuse
Soulevant, balançant le feston et l'ourlet;

Agile et noble, avec sa jambe de statue.
Moi, je buvais, crispé comme un extravagant,
Dans son œil, ciel livide où germe l'ouragan,
La douceur qui fascine et le plaisir qui tue.

Un éclair . . . puis la nuit! — Fugitive beauté
Dont le regard m'a fait soudainement renaître,
Ne te verrai-je plus que dans l'éternité?

Ailleurs, bien loin d'ici! trop tard! *jamais* peut-être!
Car j'ignore où tu fuis, tu ne sais où je vais,
O toi que j'eusse aimée, ô toi qui le savais!

XCIV

Le Squelette Laboureur

i

DANS les planches d'anatomie
    Qui traînent sur ces quais poudreux
Où maint livre cadavéreux
Dort comme une antique momie,

Dessins auxquels la gravité
Et le savoir d'un vieil artiste,
Bien que le sujet en soit triste,
Ont communiqué la Beauté,

On voit, ce qui rend plus complètes
Ces mystérieuses horreurs,
Bêchant comme des laboureurs,
Des Écorchés et des Squelettes.

ii

De ce terrain que vous fouillez,
Manants résignés et funèbres,
De tout l'effort de vos vertèbres,
Ou de vos muscles dépouillés,

Dites, quelle moisson étrange,
Forçats arrachés au charnier,
Tirez-vous, et de quel fermier
Avez-vous à remplir la grange?

Voulez-vous (d'un destin trop dur
Épouvantable et clair emblème!)
Montrer que dans la fosse même
Le sommeil promis n'est pas sûr;

Qu'envers nous le Néant est traître:
Que tout, même la Mort, nous ment,
Et que sempiternellement,
Hélas! il nous faudra peut-être

Dans quelque pays inconnu
Écorcher la terre revêche
Et pousser une lourde bêche
Sous notre pied sanglant et nu?

XCV

Le Crépuscule du Soir

VOICI le soir charmant, ami du criminel;
  Il vient comme un complice, à pas de loup; le ciel
Se ferme lentement comme une grande alcôve,
Et l'homme impatient se change en bête fauve.

O soir, aimable soir, désiré par celui
Dont les bras, sans mentir, peuvent dire: Aujourd'hui
Nous avons travaillé! — C'est le soir qui soulage
Les esprits que dévore une douleur sauvage,
Le savant obstiné dont le front s'alourdit,
Et l'ouvrier courbé qui regagne son lit.

Cependant des démons malsains dans l'atmosphère
S'éveillent lourdement, comme des gens d'affaire,
Et cognent en volant les volets et l'auvent.
A travers les lueurs que tourmente le vent
La Prostitution s'allume dans les rues;
Comme une fourmilière elle ouvre ses issues;
Partout elle se fraye un occulte chemin,
Ainsi que l'ennemi qui tente un coup de main;
Elle remue au sein de la cité de fange
Comme un ver qui dérobe à l'Homme ce qu'il mange.
On entend çà et là les cuisines siffler,
Les théâtres glapir, les orchestres ronfler;
Les tables d'hôte, dont le jeu fait les délices,
S'emplissent de catins et d'escrocs, leus complices,
Et les voleurs, qui n'ont ni trêve ni merci,
Vont bientôt commencer leur travail, eux aussi,
Et forcer doucement les portes et les caisses
Pour vivre quelques jours et vêtir leurs maîtresses.

Recueille-toi, mon âme, en ce grave moment,
Et ferme ton oreille à ce rugissement.
C'est l'heure où les douleurs des malades s'aigrissent!
La sombre Nuit les prend à la gorge; ils finissent
Leur destinée et vont vers le gouffre commun;
L'hôpital se remplit de leurs soupirs. — Plus d'un
Ne viendra plus chercher la soupe parfumée,
Au coin du feu, le soir, auprès d'une âme aimée.

Encore la plupart n'ont-ils jamais connu
La douceur du foyer et n'ont jamais vécu!

XCVI

Le Jeu

DANS des fauteuils fanés, des courtisanes vieilles,
   Pâles, le sourcil peint, l'œil câlin et fatal,
Minaudant, et faisant de leurs maigres oreilles
Tomber un cliquetis de pierre et de métal;

Autour des verts tapis des visages sans lèvre,
Des lèvres sans couleur, des mâchoires sans dent,
Et des doigts convulsés d'une infernale fièvre,
Fouillant la poche vide ou le sein palpitant;

Sous de sales plafonds un rang de pâles lustres
Et d'énormes quinquets projetant leurs lueurs
Sur des fronts ténébreux de poëtes illustres
Qui viennent gaspiller leurs sanglantes sueurs;

Voilà le noir tableau qu'en un rêve nocturne
Je vis se dérouler sous mon œil clairvoyant.
Moi-même, dans un coin de l'antre taciturne,
Je me vis accoudé, froid, muet, enviant,

Enviant de ces gens la passion tenace,
De ces vieilles putains la funèbre gaieté,
Et tous gaillardement trafiquant à ma face,
L'un de son vieil honneur, l'autre de sa beauté!

Et mon cœur s'effraya d'envier maint pauvre homme
Courant avec ferveur à l'abîme béant,
Et qui, soûl de son sang, préférerait en somme
La douleur à la mort et l'enfer au néant!

XCVII

Danse Macabre

A ERNEST CHRISTOPHE

FIÈRE, autant qu'un vivant, de sa noble stature,
        Avec son gros bouquet, son mouchoir et ses gants,
Elle a la nonchalance et la désinvolture
D'une coquette maigre aux airs extravagants.

Vit-on jamais au bal une taille plus mince?
Sa robe exagérée, en sa royale ampleur,
S'écroule abondamment sur un pied sec, que pince
Un soulier pomponné, joli comme une fleur.

La ruche qui se joue au bord des clavicules,
Comme un ruisseau lascif qui se frotte au rocher,
Défend pudiquement des lazzi ridicules
Les funèbres appas qu'elle tient à cacher.

Ses yeux profonds sont faits de vide et de ténèbres,
Et son crâne, de fleurs artistement coiffé,
Oscille mollement sur ses frêles vertèbres.
O charme d'un néant follement attifé!

Aucuns t'appelleront une caricature,
Qui ne comprennent pas, amants ivres de chair,
L'élégance sans nom de l'humaine armature.
Tu réponds, grand squelette, à mon goût le plus cher!

Viens-tu troubler, avec ta puissante grimace,
La fête de la Vie? ou quelque vieux désir,
Éperonnant encor ta vivante carcasse,
Te pousse-t-il, crédule, au sabbat du Plaisir?

Au chant des violons, aux flammes des bougies,
Espères-tu chasser ton cauchemar moqueur,
Et viens-tu demander au torrent des orgies
De rafraîchir l'enfer allumé dans ton cœur?

Inépuisable puits de sottise et de fautes!
De l'antique douleur éternel alambic!
A travers le treillis recourbé de tes côtes
Je vois, errant encor, l'insatiable aspic.

Pour dire vrai, je crains que ta coquetterie
Ne trouve pas un prix digne de ses efforts;
Qui, de ces cœurs mortels, entend la raillerie?
Les charmes de l'horreur n'enivrent que les forts!

Le gouffre de tes yeux, plein d'horribles pensées,
Exhale le vertige, et les danseurs prudents
Ne contempleront pas sans d'amères nausées
Le sourire éternel de tes trente-deux dents.

Pourtant, qui n'a serré dans ses bras un squelette,
Et qui ne s'est nourri des choses du tombeau?
Qu'importe le parfum, l'habit ou la toilette?
Qui fait le dégoûté montre qu'il se croit beau.

Bayadère sans nez, irrésistible gouge,
Dis donc à ces danseurs qui font les offusqués:
« Fiers mignons, malgré l'art des poudres et du rouge,
Vous sentez tous la mort! O squelettes musqués

Antinoüs flétris, dandys à face glabre,
Cadavres vernissés, lovelaces chenus,
Le branle universel de la danse macabre
Vous entraîne en des lieux qui ne sont pas connus¹

Des quais froids de la Seine aux bords brûlants du Gange,
Le troupeau mortel saute et se pâme, sans voir
Dans un trou du plafond la trompette de l'Ange
Sinistrement béante ainsi qu'un tromblon noir.

En tout climat, sous ton soleil, la Mort t'admire
En tes contorsions, risible Humanité,
Et souvent, comme toi, se parfumant de myrrhe,
Mêle son ironie à ton insanité !»

XCVIII

L'Amour du Mensonge

QUAND je te vois passer, ô ma chère indolente,
    Au chant des instruments qui se brise au plafond,
Suspendant ton allure harmonieuse et lente,
Et promenant l'ennui de ton regard profond;

Quand je contemple, aux feux du gaz qui le colore,
Ton front pâle, embelli par un morbide attrait,
Où les torches du soir allument une aurore,
Et tes yeux attirants comme ceux d'un portrait,

Je me dis: Qu'elle est belle! et bizarrement fraîche!
Le souvenir massif, royale et lourde tour,
La couronne, et son cœur, meurtri comme une pêche,
Est mûr, comme son corps, pour le savant amour.

Es-tu le fruit d'automne aux saveurs souveraines?
Es-tu vase funèbre attendant quelques pleurs,
Parfum qui fait rêver aux oasis lointaines,
Oreiller caressant, ou corbeille de fleurs?

Je sais qu'il est des yeux, des plus mélancoliques,
Qui ne recèlent point de secrets précieux;
Beaux écrins sans joyaux, médaillons sans reliques,
Plus vides, plus profonds que vous-mêmes, ô Cieux!

Mais ne suffit-il pas que tu sois l'apparence,
Pour réjouir un cœur qui fuit la vérité?
Qu'importe ta bêtise ou ton indifférence?
Masque ou décor, salut! J'adore ta beauté.

XCIX

JE n'ai pas oublié, voisine de la ville,
        Notre blanche maison, petite mais tranquille;
Sa Pomone de plâtre et sa vieille Vénus
Dans un bosquet chétif cachant leurs membres nus,
Et le soleil, le soir, ruisselant et superbe,
Qui, derrière la vitre où se brisait sa gerbe,
Semblait, grand œil ouvert dans le ciel curieux,
Contempler nos dîners longs et silencieux,
Répandant largement ses beaux reflets de cierge
Sur la nappe frugale et les rideaux de serge.

C

LA servante au grand cœur dont vous étiez jalouse,
        Et qui dort son sommeil sous une humble pelouse,
Nous devrions pourtant lui porter quelques fleurs.
Les morts, les pauvres morts, ont de grandes douleurs,
Et quand Octobre souffle, émondeur des vieux arbres,
Son vent mélancolique à l'entour de leurs marbres,
Certe, ils doivent trouver les vivants bien ingrats,
De dormir, comme ils font, chaudement dans leurs draps,
Tandis que, dévorés de noires songeries,
Sans compagnon de lit, sans bonnes causeries,
Vieux squelettes gelés travaillés par le ver,

Ils sentent s'égoutter les neiges de l'hiver
Et le siècle couler, sans qu'amis ni famille
Remplacent les lambeaux qui pendent à leur grille.

Lorsque la bûche siffle et chante, si le soir,
Calme, dans le fauteuil je la voyais s'asseoir,
Si, par une nuit bleue et froide de décembre,
Je la trouvais tapie en un coin de ma chambre,
Grave, et venant du fond de son lit éternel
Couver l'enfant grandi de son œil maternel,
Que pourrais-je répondre à cette âme pieuse
Voyant tomber des pleurs de sa paupière creuse?

CI

Brumes et Pluies

O FINS d'automne, hivers, printemps trempés de boue,
    Endormeuses saisons! je vous aime et vous loue
D'envelopper ainsi mon cœur et mon cerveau
D'un linceul vaporeux et d'un vague tombeau.

Dans cette grande plaine où l'autan froid se joue,
Où par les longues nuits la girouette s'enroue,
Mon âme mieux qu'au temps du tiède renouveau
Ouvrira largement ses ailes de corbeau.

Rien n'est plus doux au cœur plein de choses funèbres,
Et sur qui dès longtemps descendent les frimas,
O blafardes saisons, reines de nos climats,

Que l'aspect permanent de vos pâles ténèbres,
— Si ce n'est, par un soir sans lune, deux à deux,
D'endormir la douleur sur un lit hasardeux.

CII

Rêve Parisien

A CONSTANTIN GUYS

i

DE ce terrible paysage,
    Tel que jamais mortel n'en vit,
Ce matin encore l'image,
Vague et lointaine, me ravit.

Le sommeil est plein de miracles!
Par un caprice singulier,
J'avais banni de ces spectacles
Le végétal irrégulier,

Et, peintre fier de mon génie,
Je savourais dans mon tableau
L'enivrante monotonie
Du métal, du marbre et de l'eau.

Babel d'escaliers et d'arcades,
C'était un palais infini,
Plein de bassins et de cascades
Tombant dans l'or mat ou bruni;

Et des cataractes pesantes,
Comme des rideaux de cristal,
Se suspendaient, éblouissantes,
A des murailles de métal.

Non d'arbres, mais de colonnades
Les étangs dormants s'entouraient,
Où de gigantesques naïades,
Comme des femmes, se miraient.

Des nappes d'eau s'épanchaient, bleues,
Entre des quais roses et verts,
Pendant des millions de lieues,
Vers les confins de l'univers;

C'étaient des pierres inouïes
Et des flots magiques; c'étaient
D'immenses glaces éblouies
Par tout ce qu'elles reflétaient!

Insouciants et taciturnes,
Des Ganges, dans le firmament,
Versaient le trésor de leurs urnes
Dans des gouffres de diamant.

Architecte de mes féeries,
Je faisais, à ma volonté,
Sous un tunnel de pierreries
Passer un océan dompté;

Et tout, même la couleur noire,
Semblait fourbi, clair, irisé;
Le liquide enchâssait sa gloire
Dans le rayon cristallisé.

Nul astre d'ailleurs, nuls vestiges
De soleil, même au bas du ciel,
Pour illuminer ces prodiges,
Qui brillaient d'un feu personnel!

Et sur ces mouvantes merveilles
Planait (terrible nouveauté!
Tout pour l'œil, rien pour les oreilles!)
Un silence d'éternité.

ii

En rouvrant mes yeux pleins de flamme
J'ai vu l'horreur de mon taudis,
Et senti, rentrant dans mon âme,
La pointe des soucis maudits;

La pendule aux accents funèbres
Sonnait brutalement midi,
Et le ciel versait des ténèbres
Sur ce triste monde engourdi.

CIII

Le Crépuscule du Matin

L A diane chantait dans les cours des casernes,
   Et le vent du matin soufflait sur les lanternes.

C'était l'heure où l'essaim des rêves malfaisants
Tord sur leurs oreillers les bruns adolescents;
Où, comme un œil sanglant qui palpite et qui bouge,
La lampe sur le jour fait une tache rouge;
Où l'âme, sous le poids du corps revêche et lourd,
Imite les combats de la lampe et du jour.
Comme un visage en pleurs que les brises essuient,
L'air est plein du frisson des choses qui s'enfuient,
Et l'homme est las d'écrire et la femme d'aimer.

Les maisons çà et là commençaient à fumer.
Les femmes de plaisir, la paupière livide,
Bouche ouverte, dormaient de leur sommeil stupide;
Les pauvresses, traînant leurs seins maigres et froids,
Soufflaient sur leurs tisons et soufflaient sur leurs doigts.
C'était l'heure où parmi le froid et la lésine
S'aggravent les douleurs des femmes en gésine;
Comme un sanglot coupé par un sang écumeux
Le chant du coq au loin déchirait l'air brumeux;
Une mer de brouillards baignait les édifices,
Et les agonisants dans le fond des hospices
Poussaient leur dernier râle en hoquets inégaux.
Les débauchés rentraient, brisés par leurs travaux.

L'aurore grelottante en robe rose et verte
S'avançait lentement sur la Seine déserte,
Et le sombre Paris, en se frottant les yeux,
Empoignait ses outils, vieillard laborieux.

LE VIN

CIV

L'Ame du Vin

UN soir, l'âme du vin chantait dans les bouteilles:
  « Homme, vers toi je pousse, ô cher déshérité,
Sous ma prison de verre et mes cires vermeilles,
Un chant plein de lumière et de fraternité!

Je sais combien il faut, sur la colline en flamme,
De peine, de sueur et de soleil cuisant
Pour engendrer ma vie et pour me donner l'âme;
Mais je ne serai point ingrat ni malfaisant,

Car j'éprouve une joie immense quand je tombe
Dans le gosier d'un homme usé par ses travaux,
Et sa chaude poitrine est une douce tombe
Où je me plais bien mieux que dans mes froids caveaux.

Entends-tu retentir les refrains des dimanches
Et l'espoir qui gazouille en mon sein palpitant?
Les coudes sur la table et retroussant tes manches,
Tu me glorifieras et tu seras content;

J'allumerai les yeux de ta femme ravie;
A ton fils je rendrai sa force et ses couleurs
Et serai pour ce frêle athlète de la vie
L'huile qui raffermit les muscles des lutteurs.

En toi je tomberai, végétale ambroisie,
Grain précieux jeté par l'éternel Semeur,
Pour que de notre amour naisse la poësie
Qui jaillira vers Dieu comme une rare fleur!»

CV

Le Vin des Chiffonniers

SOUVENT, à la clarté rouge d'un réverbère
    Dont le vent bat la flamme et tourmente le verre,
Au cœur d'un vieux faubourg, labyrinthe fangeux,
Où l'humanité grouille en ferments orageux,

On voit un chiffonnier qui vient, hochant la tête,
Buttant, et se cognant aux murs comme un poëte,
Et, sans prendre souci des mouchards, ses sujets,
Épanche tout son cœur en glorieux projets.

Il prête des serments, dicte des lois sublimes,
Terrasse les méchants, relève les victimes,
Et sous le firmament comme un dais suspendu
S'enivre des splendeurs de sa propre vertu.

Oui, ces gens harcelés de chagrins de ménage,
Moulus par le travail et tourmentés par l'âge,
Éreintés et pliant sous un tas de débris,
Vomissement confus de l'énorme Paris,

Reviennent, parfumés d'une odeur de futailles,
Suivis de compagnons, blanchis dans les batailles,
Dont la moustache pend comme les vieux drapeaux.
Les bannières, les fleurs et les arcs triomphaux

Se dressent devant eux, solennelle magie!
Et dans l'étourdissante et lumineuse orgie
Des clairons, du soleil, des cris et du tambour,
Ils apportent la gloire au peuple ivre d'amour!

C'est ainsi qu'à travers l'Humanité frivole
Le vin roule de l'or, éblouissant Pactole;
Par le gosier de l'homme il chante ses exploits
Et règne par ses dons ainsi que les vrais rois.

Pour noyer la rancœur et bercer l'indolence
De tous ces vieux maudits qui meurent en silence,
Dieu, touché de remords, avait fait le sommeil;
L'Homme ajouta le Vin, fils sacré du Soleil!

CVI

Le Vin de l'Assassin

MA femme est morte, je suis libre!
       Je puis donc boire tout mon soûl.
Lorsque je rentrais sans un sou,
Ses cris me déchiraient la fibre.

Autant qu'un roi je suis heureux;
L'air est pur, le ciel admirable ...
Nous avions un été semblable
Lorsque j'en devins amoureux!

L'horrible soif qui me déchire
Aurait besoin pour s'assouvir
D'autant de vin qu'en peut tenir
Son tombeau; — ce n'est pas peu dire:

Je l'ai jetée au fond d'un puits,
Et j'ai même poussé sur elle
Tous les pavés de la margelle.
— Je l'oublierai si je le puis!

Au nom des serments de tendresse,
Dont rien ne peut nous délier,
Et pour nous réconcilier
Comme au beau temps de notre ivresse,

J'implorai d'elle un rendez-vous,
Le soir, sur une route obscure,
Elle y vint! — folle créature!
Nous sommes tous plus ou moins fous!

Elle était encore jolie,
Quoique bien fatiguée! et moi,
Je l'aimais trop! voilà pourquoi
Je lui dis: Sors de cette vie!

Nul ne peut me comprendre. Un seul
Parmi ces ivrognes stupides
Songea-t-il dans ses nuits morbides
A faire du vin un linceul?

Cette crapule invulnérable
Comme les machines de fer
Jamais, ni l'été ni l'hiver,
N'a connu l'amour véritable,

Avec ses noirs enchantements,
Son cortège infernal d'alarmes,
Ses fioles de poison, ses larmes,
Ses bruits de chaîne et d'ossements!

— Me voilà libre et solitaire!
Je serai ce soir ivre mort;
Alors, sans peur et sans remord,
Je me coucherai sur la terre,

Et je dormirai comme un chien!
Le chariot aux lourdes roues
Chargé de pierres et de boues,
Le wagon enragé peut bien

Écraser ma tête coupable,
Ou me couper par le milieu,
Je m'en moque comme de Dieu,
Du Diable ou de la Sainte Table!

CVII

Le Vin du Solitaire

LE regard singulier d'une femme galante
    Qui se glisse vers nous comme le rayon blanc
Que la lune onduleuse envoie au lac tremblant,
Quand elle y veut baigner sa beauté nonchalante;

Le dernier sac d'écus dans les doigts d'un joueur;
Un baiser libertin de la maigre Adeline;
Les sons d'une musique énervante et câline,
Semblable au cri lointain de l'humaine douleur,

Tout cela ne vaut pas, ô bouteille profonde,
Les baumes pénétrants que ta panse féconde
Garde au cœur altéré du poëte pieux;

Tu lui verses l'espoir, la jeunesse et la vie,
— Et l'orgueil, ce trésor de toute gueuserie,
Qui nous rend triomphants et semblables aux Dieux!

CVIII

Le Vin des Amants

AUJOURD'HUI l'espace est splendide!
Sans mors, sans éperons, sans bride
Partons à cheval sur le vin
Pour un ciel féerique et divin!

Comme deux anges que torture
Une implacable calenture,
Dans le bleu cristal du matin
Suivons le mirage lointain!

Mollement balancés sur l'aile
Du tourbillon intelligent,
Dans un délire parallèle,

Ma sœur, côte à côte nageant,
Nous fuirons sans repos ni trèves
Vers le paradis de mes rêves!

FLEURS DU MAL
CIX
La Destruction

SANS cesse à mes côtés s'agite le Démon;
Il nage autour de moi comme un air impalpable;
Je l'avale et le sens qui brûle mon poumon
Et l'emplit d'un désir éternel et coupable.

Parfois il prend, sachant mon grand amour de l'Art,
La forme de la plus séduisante des femmes,
Et, sous de spécieux prétextes de cafard,
Accoutume ma lèvre à des philtres infâmes.

Il me conduit ainsi, loin du regard de Dieu,
Haletant et brisé de fatigue, au milieu
Des plaines de l'Ennui, profondes et désertes,

Et jette dans mes yeux pleins de confusion
Des vêtements souillés, des blessures ouvertes,
Et l'appareil sanglant de la Destruction!

CX
Une Martyre

DESSIN D'UN MAÎTRE INCONNU

AU milieu des flacons, des étoffes lamées
    Et des meubles voluptueux,
Des marbres, des tableaux, des robes parfumées
    Qui traînent à plis somptueux,

Dans une chambre tiède où, comme en une serre,
　　L'air est dangereux et fatal,
Où des bouquets mourants dans leurs cercueils de verre
　　Exhalent leur soupir final,

Un cadavre sans tête épanche, comme un fleuve,
　　Sur l'oreiller désaltéré
Un sang rouge et vivant, dont la toile s'abreuve
　　Avec l'avidité d'un pré.

Semblable aux visions pâles qu'enfante l'ombre
　　Et qui nous enchaînent les yeux,
La tête, avec l'amas de sa crinière sombre
　　Et de ses bijoux précieux,

Sur la table de nuit, comme une renoncule,
　　Repose; et, vide de pensers,
Un regard vague et blanc comme le crépuscule
　　S'échappe des yeux révulsés.

Sur le lit, le tronc nu sans scrupules étale
　　Dans le plus complet abandon
La secrète splendeur et la beauté fatale
　　Dont la nature lui fit don;

Un bas rosâtre, orné de coins d'or, à la jambe,
　　Comme un souvenir est resté;
La jarretière, ainsi qu'un œil secret qui flambe,
　　Darde un regard diamanté.

Le singulier aspect de cette solitude
　　Et d'un grand portrait langoureux,
Aux yeux provocateurs comme son attitude,
　　Révèle un amour ténébreux,

Une coupable joie et des fêtes étranges
   Pleines de baisers infernaux,
Dont se réjouissait l'essaim de mauvais anges
   Nageant dans les plis des rideaux;

Et cependant, à voir la maigreur élégante
   De l'épaule au contour heurté,
La hanche un peu pointue et la taille fringante
   Ainsi qu'un reptile irrité,

Elle est bien jeune encor! — Son âme exaspérée
   Et ses sens par l'ennui mordus
S'étaient-ils entr'ouverts à la meute altérée
   Des désirs errants et perdus?

L'homme vindicatif que tu n'as pu, vivante,
   Malgré tant d'amour, assouvir,
Combla-t-il sur ta chair inerte et complaisante
   L'immensité de son désir?

Réponds, cadavre impur! et par tes tresses roides
   Te soulevant d'un bras fiévreux,
Dis-moi, tête effrayante, a-t-il sur tes dents froides,
   Collé les suprêmes adieux?

— Loin du monde railleur, loin de la foule impure,
   Loin des magistrats curieux,
Dors en paix, dors en paix, étrange créature,
   Dans ton tombeau mystérieux;

Ton époux court le monde, et ta forme immortelle
   Veille près de lui quand il dort;
Autant que toi sans doute il te sera fidèle,
   Et constant jusques à la mort.

CXI

Femmes Damnées

COMME un bétail pensif sur le sable couchées,
Elles tournent leurs yeux vers l'horizon des mers,
Et leurs pieds se cherchant et leurs mains rapprochées
Ont de douces langueurs et des frissons amers.

Les unes, cœurs épris des longues confidences,
Dans le fond des bosquets où jasent les ruisseaux,
Vont épelant l'amour des craintives enfances
Et creusent le bois vert des jeunes arbrisseaux;

D'autres, comme des sœurs, marchent lentes et graves
A travers les rochers pleins d'apparitions,
Où saint Antoine a vu surgir comme des laves
Les seins nus et pourprés de ses tentations;

Il en est, aux lueurs des résines croulantes,
Qui dans le creux muet des vieux antres païens
T'appellent au secours de leurs fièvres hurlantes,
O Bacchus, endormeur des remords anciens!

Et d'autres, dont la gorge aime les scapulaires,
Qui, recélant un fouet sous leurs longs vêtements,
Mêlent, dans le bois sombre et les nuits solitaires,
L'écume du plaisir aux larmes des tourments.

O vierges, ô démons, ô monstres, ô martyres,
De la réalité grands esprits contempteurs,
Chercheuses d'infini, dévotes et satyres,
Tantôt pleines de cris, tantôt pleines de pleurs,

Vous que dans votre enfer mon âme a poursuivies,
Pauvres sœurs, je vous aime autant que je vous plains.
Pour vos mornes douleurs, vos soifs inassouvies,
Et les urnes d'amour dont vos grands cœurs sont pleins!

CXII

Les Deux Bonnes Sœurs

LA Débauche et la Mort sont deux aimables filles,
     Prodigues de baisers et riches de santé,
Dont le flanc toujours vierge et drapé de guenilles
Sous l'éternel labeur n'a jamais enfanté.

Au poëte sinistre, ennemi des familles,
Favori de l'enfer, courtisan mal renté,
Tombeaux et lupanars montrent sous leurs charmilles
Un lit que le remords n'a jamais fréquenté.

Et la bière et l'alcôve en blasphèmes fécondes
Nous offrent tour à tour, comme deux bonnes sœurs,
De terribles plaisirs et d'affreuses douceurs.

Quand veux-tu m'enterrer, Débauche aux bras immondes?
O Mort, quand viendras-tu, sa rivale en attraits,
Sur ses myrtes infects enter tes noirs cyprès?

CXIII

La Fontaine de Sang

IL me semble parfois que mon sang coule à flots,
     Ainsi qu'une fontaine aux rhythmiques sanglots.
Je l'entends bien qui coule avec un long murmure,
Mais je me tâte en vain pour trouver la blessure.

A travers la cité, comme dans un champ clos,
Il s'en va, transformant les pavés en îlots,
Désaltérant la soif de chaque créature,
Et partout colorant en rouge la nature.

J'ai demandé souvent à des vins captieux
D'endormir pour un jour la terreur qui me mine;
Le vin rend l'œil plus clair et l'oreille plus fine!

J'ai cherché dans l'amour un sommeil oublieux;
Mais l'amour n'est pour moi qu'un matelas d'aiguilles
Fait pour donner à boire à ces cruelles filles!

CXIV

Allégorie

C'EST une femme belle et de riche encolure,
     Qui laisse dans son vin traîner sa chevelure.
Les griffes de l'amour, les poisons du tripot,
Tout glisse et tout s'émousse au granit de sa peau.
Elle rit à la Mort et nargue la Débauche,
Ces monstres dont la main, qui toujours gratte et fauche,
Dans ses jeux destructeurs a pourtant respecté
De ce corps ferme et droit la rude majesté.
Elle marche en déesse et repose en sultane;
Elle a dans le plaisir la foi mahométane,
Et dans ses bras ouverts, que remplissent ses seins,
Elle appelle des yeux la race des humains.
Elle croit, elle sait, cette vierge inféconde
Et pourtant nécessaire à la marche du monde,
Que la beauté du corps est un sublime don
Qui de toute infamie arrache le pardon.

Elle ignore l'Enfer comme le Purgatoire,
Et quand l'heure viendra d'entrer dans la Nuit noire,
Elle regardera la face de la Mort,
Ainsi qu'un nouveau-né, — sans haine et sans remord.

CXV

La Béatrice

DANS des terrains cendreux, calcinés, sans verdure,
     Comme je me plaignais un jour à la nature,
Et que de ma pensée, en vaguant au hasard,
J'aiguisais lentement sur mon cœur le poignard,
Je vis en plein midi descendre sur ma tête
Un nuage funèbre et gros d'une tempête,
Qui portait un troupeau de démons vicieux,
Semblables à des nains cruels et curieux.
A me considérer froidement ils se mirent,
Et, comme des passants sur un fou qu'ils admirent,
Je les entendis rire et chuchoter entre eux,
En échangeant maint signe et maint clignement d'yeux:

— «Contemplons à loisir cette caricature
Et cette ombre d'Hamlet imitant sa posture,
Le regard indécis et les cheveux au vent.
N'est-ce pas grand'pitié de voir ce bon vivant,
Ce gueux, cet histrion en vacances, ce drôle,
Parce qu'il sait jouer artistement son rôle,
Vouloir intéresser au chant de ses douleurs
Les aigles, les grillons, les ruisseaux et les fleurs,
Et même à nous, auteurs de ces vieilles rubriques,
Réciter en hurlant ses tirades publiques?»

J'aurais pu (mon orgueil aussi haut que les monts
Domine la nuée et le cri des démons)
Détourner simplement ma tête souveraine,
Si je n'eusse pas vu parmi leur troupe obscène,
— Crime qui n'a pas fait chanceler le soleil! —
La reine de mon cœur au regard nonpareil,
Qui riait avec eux de ma sombre détresse
Et leur versait parfois quelque sale caresse.

CXVI

Un Voyage à Cythère

MON cœur, comme un oiseau, voltigeait tout joyeux
    Et planait librement à l'entour des cordages;
Le navire roulait sous un ciel sans nuages,
Comme un ange enivré d'un soleil radieux.

Quelle est cette île triste et noire? — C'est Cythère,
Nous dit-on, un pays fameux dans les chansons,
Eldorado banal de tous les vieux garçons.
Regardez, après tout, c'est une pauvre terre.

— Ile des doux secrets et des fêtes du cœur!
De l'antique Vénus le superbe fantôme
Au-dessus de tes mers plane comme un arome,
Et charge les esprits d'amour et de langueur.

Belle île aux myrtes verts, pleine de fleurs écloses,
Vénérée à jamais par toute nation,
Où les soupirs des cœurs en adoration
Roulent comme l'encens sur un jardin de roses

Ou le roucoulement éternel d'un ramier!
— Cythère n'était plus qu'un terrain des plus maigres,
Un désert rocailleux troublé par des cris aigres.
J'entrevoyais pourtant un objet singulier!

Ce n'était pas un temple aux ombres bocagères,
Où la jeune prêtresse, amoureuse des fleurs,
Allait, le corps brûlé de secrètes chaleurs,
Entre-bâillant sa robe aux brises passagères;

Mais voilà qu'en rasant la côte d'assez près
Pour troubler les oiseaux avec nos voiles blanches,
Nous vîmes que c'était un gibet à trois branches,
Du ciel se détachant en noir, comme un cyprès.

De féroces oiseaux perchés sur leur pâture
Détruisaient avec rage un pendu déjà mûr,
Chacun plantant, comme un outil, son bec impur
Dans tous les coins saignants de cette pourriture;

Les yeux étaient deux trous, et du ventre effondré
Les intestins pesants lui coulaient sur les cuisses,
Et ses bourreaux, gorgés de hideuses délices,
L'avaient à coups de bec absolument châtré.

Sous les pieds, un troupeau de jaloux quadrupèdes,
Le museau relevé, tournoyait et rôdait;
Une plus grande bête au milieu s'agitait
Comme un exécuteur entouré de ses aides.

Habitant de Cythère, enfant d'un ciel si beau,
Silencieusement tu souffrais ces insultes
En expiation de tes infâmes cultes
Et des péchés qui t'ont interdit le tombeau.

Ridicule pendu, tes douleurs sont les miennes!
Je sentis, à l'aspect de tes membres flottants,
Comme un vomissement, remonter vers mes dents
Le long fleuve de fiel des douleurs anciennes;

Devant toi, pauvre diable au souvenir si cher,
J'ai senti tous les becs et toutes les mâchoires
Des corbeaux lancinants et des panthères noires
Qui jadis aimaient tant à triturer ma chair.

— Le ciel était charmant, la mer était unie;
Pour moi tout était noir et sanglant désormais,
Hélas! et j'avais, comme en un suaire épais,
Le cœur enseveli dans cette allégorie.

Dans ton île, ô Vénus! je n'ai trouvé debout
Qu'un gibet symbolique où pendait mon image. . . .
— Ah! Seigneur! donnez-moi la force et le courage
De contempler mon cœur et mon corps sans dégoût!

CXVII

L'Amour et le Crâne

VIEUX CUL-DE-LAMPE

L'AMOUR est assis sur le crâne
   De l'Humanité,
Et sur ce trône le profane,
   Au rire effronté,

Souffle gaiement des bulles rondes
   Qui montent dans l'air,
Comme pour rejoindre les mondes
   Au fond de l'éther.

Le globe lumineux et frêle
   Prend un grand essor,
Crève et crache son âme grêle
   Comme un songe d'or.

J'entends le crâne à chaque bulle
   Prier et gémir:
« Ce jeu féroce et ridicule,
   Quand doit-il finir?

Car ce que ta bouche cruelle
   Éparpille en l'air,
Monstre assassin, c'est ma cervelle,
   Mon sang et ma chair! »

RÉVOLTE

CXVIII

Le Reniement de Saint Pierre

QU'EST-CE que Dieu fait donc de ce flot d'anathèmes
    Qui monte tous les jours vers ses chers Séraphins?
Comme un tyran gorgé de viandes et de vins,
Il s'endort au doux bruit de nos affreux blasphèmes.

Les sanglots des martyrs et des suppliciés
Sont une symphonie enivrante sans doute,
Puisque, malgré le sang que leur volupté coûte,
Les cieux ne s'en sont point encore rassasiés!

— Ah! Jésus, souviens-toi du Jardin des Olives!
Dans ta simplicité tu priais à genoux
Celui qui dans son ciel riait au bruit des clous
Que d'ignobles bourreaux plantaient dans tes chairs vives.

Lorsque tu vis cracher sur ta divinité
La crapule du corps de garde et des cuisines,
Et lorsque tu sentis s'enfoncer les épines
Dans ton crâne où vivait l'immense Humanité;

Quand de ton corps brisé la pesanteur horrible
Allongeait tes deux bras distendus, que ton sang
Et ta sueur coulaient de ton front pâlissant,
Quand tu fus devant tous posé comme une cible,

Rêvais-tu de ces jours si brillants et si beaux
Où tu vins pour remplir l'éternelle promesse,
Où tu foulais, monté sur une douce ânesse,
Des chemins tout jonchés de fleurs et de rameaux,

Où, le cœur tout gonflé d'espoir et de vaillance,
Tu fouettais tous ces vils marchands à tour de bras,
Où tu fus maître enfin? Le remords n'a-t-il pas
Pénétré dans ton flanc plus avant que la lance?

— Certes, je sortirai, quant à moi, satisfait
D'un monde où l'action n'est pas la sœur du rêve;
Puissé-je user du glaive et périr par le glaive!
Saint Pierre a renié Jésus . . . il a bien fait!

CXIX

Abel et Caïn

i

R ACE d'Abel, dors, bois et mange;
    Dieu te sourit complaisamment.

Race de Caïn, dans la fange
Rampe et meurs misérablement.

Race d'Abel, ton sacrifice
Flatte le nez du Séraphin!

Race de Caïn, ton supplice
Aura-t-il jamais une fin?

Race d'Abel, vois tes semailles
Et ton bétail venir à bien;

Race de Caïn, tes entrailles
Hurlent la faim comme un vieux chien.

Race d'Abel, chauffe ton ventre
A ton foyer patriarcal;

Race de Caïn, dans ton antre
Tremble de froid, pauvre chacal!

Race d'Abel, aime et pullule!
Ton or fait aussi des petits.

Race de Caïn, cœur qui brûle,
Prends garde à ces grands appétits.

Race d'Abel, tu croîs et broutes
Comme les punaises des bois!

Race de Caïn, sur les routes
Traîne ta famille aux abois.

ii

Ah! race d'Abel, ta charogne
Engraissera le sol fumant!

Race de Caïn, ta besogne
N'est pas faite suffisamment;

Race d'Abel, voici ta honte:
Le fer est vaincu par l'épieu!

Race de Caïn, au ciel monte
Et sur la terre jette Dieu!

CXX

Les Litanies de Satan

O TOI, le plus savant et le plus beau des Anges,
    Dieu trahi par le sort et privé de louanges,

O Satan, prends pitié de ma longue misère!

O Prince de l'exil, à qui l'on a fait tort,
Et qui, vaincu, toujours te redresses plus fort,

O Satan, prends pitié de ma longue misère!

Toi qui sais tout, grand roi des choses souterraines,
Guérisseur familier des angoisses humaines,

O Satan, prends pitié de ma longue misère!

Toi qui, même aux lépreux, aux parias maudits,
Enseignes par l'amour le goût du Paradis,

O Satan, prends pitié de ma longue misère!

O toi qui de la Mort, ta vieille et forte amante,
Engendras l'Espérance, — une folle charmante!

O Satan, prends pitié de ma longue misère!

Toi qui fais au proscrit ce regard calme et haut
Qui damne tout un peuple autour d'un échafaud,

O Satan, prends pitié de ma longue misère!

Toi qui sais en quel coin des terres envieuses
Le Dieu jaloux cacha les pierres précieuses,

O Satan, prends pitié de ma longue misère!

Toi dont l'œil clair connaît les profonds arsenaux
Où dort enseveli le peuple des métaux,

O Satan, prends pitié de ma longue misère!

Toi dont la large main cache les précipices
Au somnambule errant au bord des édifices,

O Satan, prends pitié de ma longue misère!

Toi qui, magiquement, assouplis les vieux os
De l'ivrogne attardé foulé par les chevaux,

O Satan, prends pitié de ma longue misère!

Toi qui, pour consoler l'homme frêle qui souffre,
Nous appris à mêler le salpêtre et le soufre,

O Satan, prends pitié de ma longue misère!

Toi qui poses ta marque, ô complice subtil,
Sur le front du Crésus impitoyable et vil,

O Satan, prends pitié de ma longue misère!

Toi qui mets dans les yeux et dans le cœur des filles
Le culte de la plaie et l'amour des guenilles,

O Satan, prends pitié de ma longue misère!

Bâton des exilés, lampe des inventeurs,
Confesseur des pendus et des conspirateurs,

O Satan, prends pitié de ma longue misère!

Père adoptif de ceux qu'en sa noire colère
Du paradis terrestre a chassés Dieu le Père,

O Satan, prends pitié de ma longue misère!

PRIÈRE

Gloire et louange à toi, Satan, dans les hauteurs
Du Ciel, où tu régnas, et dans les profondeurs
De l'Enfer, où, vaincu, tu rêves en silence!
Fais que mon âme un jour, sous l'Arbre de Science,
Près de toi se repose, à l'heure où sur ton front
Comme un Temple nouveau ses rameaux s'épandront!

LA MORT

CXXI

La Mort des Amants

NOUS aurons des lits pleins d'odeurs légères,
       Des divans profonds comme des tombeaux,
Et d'étranges fleurs sur des étagères,
Écloses pour nous sous des cieux plus beaux.

Usant à l'envi leurs chaleurs dernières,
Nos deux cœurs seront deux vastes flambeaux,
Qui réfléchiront leurs doubles lumières
Dans nos deux esprits, ces miroirs jumeaux.

Un soir fait de rose et de bleu mystique,
Nous échangerons un éclair unique,
Comme un long sanglot, tout chargé d'adieux;

Et plus tard un Ange, entr'ouvrant les portes,
Viendra ranimer, fidèle et joyeux,
Les miroirs ternis et les flammes mortes.

CXXII

La Mort des Pauvres

C'EST la Mort qui console, hélas! et qui fait vivre;
    C'est le but de la vie, et c'est le seul espoir
Qui, comme un élixir, nous monte et nous enivre,
Et nous donne le cœur de marcher jusqu'au soir;

A travers la tempête, et la neige, et le givre,
C'est la clarté vibrante à notre horizon noir;
C'est l'auberge fameuse inscrite sur le livre,
Où l'on pourra manger, et dormir, et s'asseoir;

C'est un Ange qui tient dans ses doigts magnétiques
Le sommeil et le don des rêves extatiques,
Et qui refait le lit des gens pauvres et nus;

C'est la gloire des Dieux, c'est le grenier mystique,
C'est la bourse du pauvre et sa patrie antique,
C'est le portique ouvert sur les Cieux inconnus!

CXXIII

La Mort des Artistes

COMBIEN faut-il de fois secouer mes grelots
      Et baiser ton front bas, morne caricature?
Pour piquer dans le but, de mystique nature,
Combien, ô mon carquois, perdre de javelots?

Nous userons notre âme en de subtils complots,
Et nous démolirons mainte lourde armature,
Avant de contempler la grande Créature
Dont l'infernal désir nous remplit de sanglots!

Il en est qui jamais n'ont connu leur Idole,
Et ces sculpteurs damnés et marqués d'un affront,
Qui vont se martelant la poitrine et le front,

N'ont qu'un espoir, étrange et sombre Capitole!
C'est que la Mort, planant comme un soleil nouveau,
Fera s'épanouir les fleurs de leur cerveau!

CXXIV

La Fin de la Journée

SOUS une lumière blafarde
   Court, danse et se tord sans raison
La Vie, impudente et criarde.
Aussi, sitôt qu'à l'horizon

La nuit voluptueuse monte,
Apaisant tout, même la faim,
Effaçant tout, même la honte,
Le Poëte se dit: «Enfin!

Mon esprit, comme mes vertèbres,
Invoque ardemment le repos;
Le cœur plein de songes funèbres,

Je vais me coucher sur le dos
Et me rouler dans vos rideaux,
O rafraîchissantes ténèbres!»

CXXV

Le Rêve d'un Curieux

A F. N.

CONNAIS-TU, comme moi, la douleur savoureuse,
   Et de toi fais-tu dire: «Oh! l'homme singulier!»
— J'allais mourir. C'était dans mon âme amoureuse,
Désir mêlé d'horreur, un mal particulier;

Angoisse et vif espoir, sans humeur factieuse.
Plus allait se vidant le fatal sablier,
Plus ma torture était âpre et délicieuse;
Tout mon cœur s'arrachait au monde familier.

J'étais comme l'enfant avide du spectacle,
Haïssant le rideau comme on hait un obstacle. ...
Enfin la vérité froide se révéla:

J'étais mort sans surprise, et la terrible aurore
M'enveloppait. — Eh quoi! n'est-ce donc que cela?
La toile était levée et j'attendais encore.

CXXVI

Le Voyage

A MAXIME DU CAMP

i

POUR l'enfant, amoureux de cartes et d'estampes,
    L'univers est égal à son vaste appétit.
Ah! que le monde est grand à la clarté des lampes!
Aux yeux du souvenir que le monde est petit!

Un matin nous partons, le cerveau plein de flamme,
Le cœur gros de rancune et de désirs amers,
Et nous allons, suivant le rhythme de la lame,
Berçant notre infini sur le fini des mers:

Les uns, joyeux de fuir une patrie infâme;
D'autres, l'horreur de leurs berceaux, et quelques-uns,
Astrologues noyés dans les yeux d'une femme,
La Circé tyrannique aux dangereux parfums.

Pour n'être pas changés en bêtes, ils s'enivrent
D'espace et de lumière et de cieux embrasés;
La glace qui les mord, les soleils qui les cuivrent,
Effacent lentement la marque des baisers.

Mais les vrais voyageurs sont ceux-là seuls qui partent
Pour partir; cœurs légers, semblables aux ballons,
De leur fatalité jamais ils ne s'écartent,
Et, sans savoir pourquoi, disent toujours: Allons!

Ceux-là dont les désirs ont la forme des nues,
Et qui rêvent, ainsi qu'un conscrit le canon,
De vastes voluptés, changeantes, inconnues,
Et dont l'esprit humain n'a jamais su le nom!

ii

Nous imitons, horreur! la toupie et la boule
Dans leur valse et leurs bonds; même dans nos sommeils
La Curiosité nous tourmente et nous roule,
Comme un Ange cruel qui fouette des soleils.

Singulière fortune où le but se déplace,
Et, n'étant nulle part, peut être n'importe où!
Où l'Homme, dont jamais l'espérance n'est lasse,
Pour trouver le repos court toujours comme un fou!

Notre âme est un trois-mâts cherchant son Icarie;
Une voix retentit sur le pont: «Ouvre l'œil!»
Une voix de la hune, ardente et folle, crie:
«Amour... gloire... bonheur!» Enfer! c'est un écueil!

Chaque îlot signalé par l'homme de vigie
Est un Eldorado promis par le Destin;
L'Imagination qui dresse son orgie
Ne trouve qu'un récif aux clartés du matin.

O le pauvre amoureux des pays chimériques!
Faut-il le mettre aux fers, le jeter à la mer,
Ce matelot ivrogne, inventeur d'Amériques
Dont le mirage rend le gouffre plus amer?

Tel le vieux vagabond, piétinant dans la boue,
Rêve, le nez en l'air, de brillants paradis;
Son œil ensorcelé découvre une Capoue
Partout où la chandelle illumine un taudis.

iii

Étonnants voyageurs! quelles nobles histoires
Nous lisons dans vos yeux profonds comme les mers!
Montrez-nous les écrins de vos riches mémoires,
Ces bijoux merveilleux, faits d'astres et d'éthers.

Nous voulons voyager sans vapeur et sans voile!
Faites, pour égayer l'ennui de nos prisons,
Passer sur nos esprits, tendus comme une toile,
Vos souvenirs avec leurs cadres d'horizons.

Dites, qu'avez-vous vu?

iv

«Nous avons vu des astres
Et des flots; nous avons vu des sables aussi;
Et, malgré bien des chocs et d'imprévus désastres,
Nous nous sommes souvent ennuyés, comme ici.

La gloire du soleil sur la mer violette,
La gloire des cités dans le soleil couchant,
Allumaient dans nos cœurs une ardeur inquiète
De plonger dans un ciel au reflet alléchant.

Les plus riches cités, les plus grands paysages,
Jamais ne contenaient l'attrait mystérieux
De ceux que le hasard fait avec les nuages.
Et toujours le désir nous rendait soucieux!

— La jouissance ajoute au désir de la force.
Désir, vieil arbre à qui le plaisir sert d'engrais,
Cependant que grossit et durcit ton écorce,
Tes branches veulent voir le soleil de plus près!

Grandiras-tu toujours, grand arbre plus vivace
Que le cyprès? — Pourtant nous avons, avec soin,
Cueilli quelques croquis pour votre album vorace,
Frères qui trouvez beau tout ce qui vient de loin!

Nous avons salué des idoles à trompe;
Des trônes constellés de joyaux lumineux;
Des palais ouvragés dont la féerique pompe
Serait pour vos banquiers un rêve ruineux;

Des costumes qui sont pour les yeux une ivresse;
Des femmes dont les dents et les ongles sont teints,
Et des jongleurs savants que le serpent caresse. »

v

Et puis, et puis encore?

vi

« O cerveaux enfantins!

Pour ne pas oublier la chose capitale,
Nous avons vu partout, et sans l'avoir cherché,
Du haut jusques en bas de l'échelle fatale,
Le spectacle ennuyeux de l'immortel péché:

La femme, esclave vile, orgueilleuse et stupide,
Sans rire s'adorant et s'aimant sans dégoût;
L'homme, tyran goulu, paillard, dur et cupide,
Esclave de l'esclave et ruisseau dans l'égoût;

Le bourreau qui jouit, le martyr qui sanglote;
La fête qu'assaisonne et parfume le sang;
Le poison du pouvoir énervant le despote,
Et le peuple amoureux du fouet abrutissant;

Plusieurs religions semblables à la nôtre,
Toutes escaladant le ciel; la Sainteté,
Comme en un lit de plume un délicat se vautre,
Dans les clous et le crin cherchant la volupté;

L'Humanité bavarde, ivre de son génie,
Et, folle maintenant comme elle était jadis,
Criant à Dieu, dans sa furibonde agonie:
«O mon semblable, ô mon maître, je te maudis!»

Et les moins sots, hardis amants de la Démence,
Fuyant le grand troupeau parqué par le Destin,
Et se réfugiant dans l'opium immense!
— Tel est du globe entier l'éternel bulletin. »

vii

Amer savoir, celui qu'on tire du voyage!
Le monde, monotone et petit, aujourd'hui,
Hier, demain, toujours, nous fait voir notre image:
Une oasis d'horreur dans un désert d'ennui!

Faut-il partir? rester? Si tu peux rester, reste;
Pars, s'il le faut. L'un court, et l'autre se tapit
Pour tromper l'ennemi vigilant et funeste,
Le Temps! Il est, hélas! des coureurs sans répit,

Comme le Juif errant et comme les apôtres,
A qui rien ne suffit, ni wagon ni vaisseau,
Pour fuir ce rétiaire infâme; il en est d'autres
Qui savent le tuer sans quitter leur berceau.

Lorsque enfin il mettra le pied sur notre échine,
Nous pourrons espérer et crier: En avant!
De même qu'autrefois nous partions pour la Chine,
Les yeux fixés au large et les cheveux au vent,

Nous nous embarquerons sur la mer des Ténèbres
Avec le cœur joyeux d'un jeune passager.
Entendez-vous ces voix, charmantes et funèbres,
Qui chantent: «Par ici! vous qui voulez manger

Le Lotus parfumé! c'est ici qu'on vendange
Les fruits miraculeux dont votre cœur a faim;
Venez vous enivrer de la douceur étrange
De cette après-midi qui n'a jamais de fin!»

A l'accent familier nous devinons le spectre;
Nos Pylades là-bas tendent leurs bras vers nous.
«Pour rafraîchir ton cœur nage vers ton Électre!»
Dit celle dont jadis nous baisions les genoux.

viii

O Mort, vieux capitaine, il est temps! levons l'ancre!
Ce pays nous ennuie, ô Mort! Appareillons!
Si le ciel et la mer sont noirs comme de l'encre,
Nos cœurs que tu connais sont remplis de rayons!

Verse-nous ton poison pour qu'il nous réconforte!
Nous voulons, tant ce feu nous brûle le cerveau,
Plonger au fond du gouffre, Enfer ou Ciel, qu'importe?
Au fond de l'Inconnu pour trouver du *nouveau!*

LES ÉPAVES

AVERTISSEMENT DE L'ÉDITEUR

Ce recueil est composé de morceaux poétiques pour la plupart condamnés ou inédits, auxquels M. Charles Baudelaire n'a pas cru devoir faire place dans l'édition définitive des *Fleurs du Mal*.

Cela explique son titre.

M. Charles Baudelaire a fait don, sans réserve, de ces poëmes à un ami qui juge à propos de les publier, parce qu'il se flatte de les goûter et qu'il est à un âge où l'on aime encore à faire partager ses sentiments à des amis auxquels on prête ses vertus.

L'auteur sera avisé de cette publication en même temps que les deux cent soixante lecteurs probables qui figurent à peu près — pour son éditeur bénévole, — le public littéraire en France, depuis que les bêtes y ont décidément usurpé la parole sur les hommes.

I

Le Coucher du Soleil Romantique

QUE le Soleil est beau quand tout frais il se lève,
    Comme une explosion nous lançant son bonjour!
— Bienheureux celui-là qui peut avec amour
Saluer son coucher plus glorieux qu'un rêve!

Je me souviens! . . . J'ai vu tout, fleur, source, sillon,
Se pâmer sous son œil comme un cœur qui palpite . . .
— Courons vers l'horizon, il est tard, courons vite,
Pour rattraper au moins un oblique rayon!

Mais je poursuis en vain le Dieu qui se retire;
L'irrésistible Nuit établit son empire,
Noire, humide, funeste et pleine de frissons;

Une odeur de tombeau dans les ténèbres nage,
Et mon pied peureux froisse, au bord du marécage,
Des crapauds imprévus et de froids limaçons.

PIÈCES CONDAMNÉES

II

Lesbos

MÈRE des jeux latins et des voluptés grecques,
Lesbos, où les baisers, languissants ou joyeux,
Chauds comme les soleils, frais comme les pastèques,
Font l'ornement des nuits et des jours glorieux;
Mère des jeux latins et des voluptés grecques,

Lesbos, où les baisers sont comme les cascades
Qui se jettent sans peur dans les gouffres sans fonds,
Et courent, sanglotant et gloussant par saccades
Orageux et secrets, fourmillants et profonds;
Lesbos, où les baisers sont comme les cascades!

Lesbos, où les Phrynés l'une l'autre s'attirent,
Où jamais un soupir ne resta sans écho,
A l'égal de Paphos les étoiles t'admirent,
Et Vénus à bon droit peut jalouser Sapho!
Lesbos, où les Phrynés l'une l'autre s'attirent,

Lesbos, terre des nuits chaudes et langoureuses,
Qui font qu'à leurs miroirs, stérile volupté!
Les filles aux yeux creux, de leur corps amoureuses,
Caressent les fruits mûrs de leur nubilité;
Lesbos, terre des nuits chaudes et langoureuses,

Laisse du vieux Platon se froncer l'œil austère;
Tu tires ton pardon de l'excès des baisers,
Reine du doux empire, aimable et noble terre,
Et des raffinements toujours inépuisés.
Laisse du vieux Platon se froncer l'œil austère.

Tu tires ton pardon de l'éternel martyre,
Infligé sans relâche aux cœurs ambitieux,
Qu'attire loin de nous le radieux sourire
Entrevu vaguement au bord des autres cieux!
Tu tires ton pardon de l'éternel martyre!

Qui des Dieux osera, Lesbos, être ton juge
Et condamner ton front pâli dans les travaux,
Si ses balances d'or n'ont pesé le déluge
De larmes qu'à la mer ont versé tes ruisseaux?
—Qui des Dieux osera, Lesbos, être ton juge!

Que nous veulent les lois du juste et de l'injuste?
Vierges au cœur sublime, honneur de l'archipel,
Votre religion comme une autre est auguste,
Et l'amour se rira de l'Enfer et du Ciel!
Que nous veulent les lois du juste et de l'injuste?

Car Lesbos entre tous m'a choisi sur la terre
Pour chanter le secret de ses vierges en fleurs,
Et je fus dès l'enfance admis au noir mystère
Des rires effrénés mêlés au sombre pleurs;
Car Lesbos entre tous m'a choisi sur la terre.

Et depuis lors je veille au sommet de Leucate,
Comme une sentinelle à l'œil perçant et sûr,
Qui guette nuit et jour brick, tartane ou frégate,
Dont les formes au loin frissonnent dans l'azur;
Et depuis lors je veille au sommet de Leucate,

Pour savoir si la mer est indulgente et bonne,
Et parmi les sanglots dont le roc retentit,
Un soir ramènera vers Lesbos, qui pardonne,
Le cadavre adoré de Sapho qui partit
Pour savoir si la mer est indulgente et bonne!

De la mâle Sapho, l'amante et le poëte,
Plus belle que Vénus par ses mornes pâleurs!
— L'œil d'azur est vaincu par l'œil noir que tachète
Le cercle ténébreux tracé par les douleurs
De la mâle Sapho, l'amante et le poëte!

— Plus belle que Vénus se dressant sur le monde
Et versant les trésors de sa sérénité
Et le rayonnement de sa jeunesse blonde
Sur le vieil Océan de sa fille enchanté;
Plus belle que Vénus se dressant sur le monde!

— De Sapho, qui mourut le jour de son blasphème,
Quand, insultant le rite et le culte inventé,
Elle fit son beau corps la pâture suprême
D'un brutal dont l'orgueil punit l'impiété
De celle qui mourut le jour de son blasphème.

Et c'est depuis ce temps que Lesbos se lamente,
Et, malgré les honneurs que lui rend l'univers,
S'enivre chaque nuit du cri de la tourmente
Que poussent vers les cieux ses rivages déserts.
Et c'est depuis ce temps que Lesbos se lamente!

III

Femmes Damnées

DELPHINE ET HIPPOLYTE

A LA pâle clarté des lampes languissantes,
    Sur de profonds coussins tout imprégnés d'odeur,
Hippolyte rêvait aux caresses puissantes
Qui levaient le rideau de sa jeune candeur.

Elle cherchait, d'un œil troublé par la tempête,
De sa naïveté le ciel déjà lointain,
Ainsi qu'un voyageur qui retourne la tête
Vers les horizons bleus dépassés le matin.

De ses yeux amortis les paresseuses larmes,
L'air brisé, la stupeur, la morne volupté,
Ses bras vaincus, jetés comme de vaines armes,
Tout servait, tout parait sa fragile beauté.

Étendue à ses pieds, calme et pleine de joie,
Delphine la couvait avec des yeux ardents,
Comme un animal fort qui surveille une proie,
Après l'avoir d'abord marquée avec les dents.

Beauté forte à genoux devant la beauté frêle,
Superbe, elle humait voluptueusement
Le vin de son triomphe, et s'allongeait vers elle
Comme pour recueillir un doux remercîment.

Elle cherchait dans l'œil de sa pâle victime
Le cantique muet que chante le plaisir,
Et cette gratitude infinie et sublime
Qui sort de la paupière ainsi qu'un long soupir:

— « Hippolyte, cher cœur, que dis-tu de ces choses?
Comprends-tu maintenant qu'il ne faut pas offrir
L'holocauste sacré de tes premières roses
Aux souffles violents qui pourraient les flétrir?

Mes baisers sont légers comme ces éphémères
Qui caressent le soir les grands lacs transparents,
Et ceux de ton amant creuseront leurs ornières
Comme des chariots ou des socs déchirants;

Ils passeront sur toi comme un lourd attelage
De chevaux et de bœufs aux sabots sans pitié . . .
Hippolyte, ô ma sœur! tourne donc ton visage,
Toi, mon âme et mon cœur, mon tout et ma moitié,

Tourne vers moi tes yeux pleins d'azur et d'étoiles!
Pour un de ces regards charmants, baume divin,
Des plaisirs plus obscurs je lèverai les voiles
Et je t'endormirai dans un rêve sans fin!»

Mais Hippolyte alors, levant sa jeune tête:
— «Je ne suis point ingrate et ne me repens pas,
Ma Delphine, je souffre et je suis inquiète,
Comme après un nocturne et terrible repas.

Je sens fondre sur moi de lourdes épouvantes
Et de noirs bataillons de fantômes épars,
Qui veulent me conduire en des routes mouvantes
Qu'un horizon sanglant ferme de toutes parts.

Avons-nous donc commis une action étrange?
Explique, si tu peux, mon trouble et mon effroi:
Je frissonne de peur quand tu me dis: «Mon ange!»
Et cependant je sens ma bouche aller vers toi.

Ne me regarde pas ainsi, toi, ma pensée!
Toi que j'aime à jamais, ma sœur d'élection,
Quand même tu serais une embûche dressée,
Et le commencement de ma perdition!»

Delphine secouant sa crinière tragique,
Et comme trépignant sur le trépied de fer,
L'œil fatal, répondit d'une voix despotique:
— «Qui donc devant l'amour ose parler d'enfer?

Maudit soit à jamais le rêveur inutile,
Qui voulut le premier, dans sa stupidité,
S'éprenant d'un problème insoluble et stérile,
Aux choses de l'amour mêler l'honnêteté!

Celui qui veut unir dans un accord mystique
L'ombre avec la chaleur, la nuit avec le jour,
Ne chauffera jamais son corps paralytique
A ce rouge soleil que l'on nomme l'amour!

Va, si tu veux, chercher un fiancé stupide;
Cours offrir un cœur vierge à ses cruels baisers;
Et pleine de remords et d'horreur, et livide,
Tu me rapporteras tes seins stigmatisés . . .

On ne peut ici-bas contenter qu'un seul maître!»
Mais l'enfant, épanchant une immense douleur,
Cria soudain: — «Je sens s'élargir dans mon être
Un abîme béant; cet abîme est mon cœur!

Brûlant comme un volcan, profond comme le vide,
Rien ne rassasiera ce monstre gémissant
Et ne rafraîchira la soif de l'Euménide
Qui, la torche à la main, le brûle jusqu'au sang.

Que nos rideaux fermés nous séparent du monde,
Et que la lassitude amène le repos!
Je veux m'anéantir dans ta gorge profonde,
Et trouver sur ton sein la fraîcheur des tombeaux!»

—Descendez, descendez, lamentables victimes,
Descendez le chemin de l'enfer éternel!
Plongez au plus profond du gouffre où tous les crimes,
Flagellés par un vent qui ne vient pas du ciel,

Bouillonnent pêle-mêle avec un bruit d'orage.
Ombres folles, courez au but de vos désirs;
Jamais vous ne pourrez assouvir votre rage,
Et votre châtiment naîtra de vos plaisirs.

Jamais un rayon frais n'éclaira vos cavernes;
Par les fentes des murs, des miasmes fiévreux
Filtrent en s'enflammant ainsi que des lanternes
Et pénètrent vos corps de leurs parfums affreux.

L'âpre stérilité de votre jouissance
Altère votre soif et roidit votre peau,
Et le vent furibond de la concupiscence
Fait claquer votre chair ainsi qu'un vieux drapeau.

Loin des peuples vivants, errantes, condamnées,
A travers les déserts courez comme les loups;
Faites votre destin, âmes désordonnées,
Et fuyez l'infini que vous portez en vous!

IV

Le Léthé

VIENS sur mon cœur, âme cruelle et sourde,
    Tigre adoré, monstre aux airs indolents;
Je veux longtemps plonger mes doigts tremblants
Dans l'épaisseur de ta crinière lourde;

Dans tes jupons remplis de ton parfum
Ensevelir ma tête endolorie,
Et respirer, comme une fleur flétrie,
Le doux relent de mon amour défunt.

Je veux dormir! dormir plutôt que vivre!
Dans un sommeil aussi doux que la mort,
J'étalerai mes baisers sans remord
Sur ton beau corps poli comme le cuivre.

Pour engloutir mes sanglots apaisés
Rien ne me vaut l'abîme de ta couche;
L'oubli puissant habite sur ta bouche,
Et le Léthé coule dans tes baisers.

A mon destin, désormais mon délice,
J'obéirai comme un prédestiné;
Martyr docile, innocent condamné,
Dont la ferveur attise le supplice,

Je sucerai, pour noyer ma rancœur,
Le népenthès et la bonne ciguë
Aux bouts charmants de cette gorge aiguë,
Qui n'a jamais emprisonné de cœur.

V

A Celle qui est Trop Gaie

TA tête, ton geste, ton air
     Sont beaux comme un beau paysage;
Le rire joue en ton visage
Comme un vent frais dans un ciel clair.

Le passant chagrin que tu frôles
Est ébloui par la santé
Qui jaillit comme une clarté
De tes bras et de tes épaules.

Les retentissantes couleurs
Dont tu parsèmes tes toilettes
Jettent dans l'esprit des poëtes
L'image d'un ballet de fleurs.

Ces robes folles sont l'emblème
De ton esprit bariolé;
Folle dont je suis affolé,
Je te hais autant que je t'aime!

Quelquefois dans un beau jardin
Où je traînais mon atonie,
J'ai senti, comme une ironie,
Le soleil déchirer mon sein;

Et le printemps et la verdure
Ont tant humilié mon cœur,
Que j'ai puni sur une fleur
L'insolence de la Nature.

Ainsi, je voudrais, une nuit,
Quand l'heure des voluptés sonne,
Vers les trésors de ta personne,
Comme un lâche, ramper sans bruit,

Pour châtier ta chair joyeuse,
Pour meurtrir ton sein pardonné,
Et faire à ton flanc étonné
Une blessure large et creuse,

Et, vertigineuse douceur!
A travers ces lèvres nouvelles,
Plus éclatantes et plus belles,
T'infuser mon venin, ma sœur!

VI

Les Bijoux

LA très-chère était nue, et, connaissant mon cœur,
    Elle n'avait gardé que ses bijoux sonores,
Dont le riche attirail lui donnait l'air vainqueur
Qu'ont dans leurs jours heureux les esclaves des Mores.

Quand il jette en dansant son bruit vif et moqueur,
Ce monde rayonnant de métal et de pierre
Me ravit en extase, et j'aime à la fureur
Les choses où le son se mêle à la lumière.

Elle était donc couchée, et se laissait aimer,
Et du haut du divan elle souriait d'aise
A mon amour profond et doux comme la mer,
Qui vers elle montait comme vers sa falaise.

Les yeux fixés sur moi, comme un tigre dompté,
D'un air vague et rêveur elle essayait des poses,
Et la candeur unie à la lubricité
Donnait un charme neuf à ses métamorphoses.

Et son bras et sa jambe, et sa cuisse et ses reins,
Polis comme de l'huile, onduleux comme un cygne,
Passaient devant mes yeux clairvoyants et sereins;
Et son ventre et ses seins, ces grappes de ma vigne,

S'avançaient, plus câlins que les Anges du mal,
Pour troubler le repos où mon âme était mise,
Et pour la déranger du rocher de cristal,
Où, calme et solitaire, elle s'était assise.

Je croyais voir unis par un nouveau dessin
Les hanches de l'Antiope au buste d'un imberbe,
Tant sa taille faisait ressortir son bassin.
Sur ce teint fauve et brun le fard était superbe!

— Et la lampe s'étant résignée à mourir,
Comme le foyer seul illuminait la chambre,
Chaque fois qu'il poussait un flamboyant soupir,
Il inondait de sang cette peau couleur d'ambre!

VII

Les Métamorphoses du Vampire

L A femme cependant, de sa bouche de fraise,
    En se tordant ainsi qu'un serpent sur la braise,
Et pétrissant ses seins sur le fer de son busc,
Laissait couler ces mots tout imprégnés de musc:
— « Moi, j'ai la lèvre humide, et je sais la science
De perdre au fond d'un lit l'antique conscience.
Je sèche tous les pleurs sur mes seins triomphants
Et fais rire les vieux du rire des enfants.
Je remplace, pour qui me voit nue et sans voiles,
La lune, le soleil, le ciel et les étoiles!
Je suis, mon cher savant, si docte aux voluptés,
Lorsque j'étouffe un homme en mes bras redoutés,
Ou lorsque j'abandonne aux morsures mon buste,
Timide et libertine, et fragile et robuste,
Que sur ces matelas qui se pâment d'émoi,
Les anges impuissants se damneraient pour moi! »

Quand elle eut de mes os sucé toute la moelle,
Et que languissamment je me tournai vers elle
Pour lui rendre un baiser d'amour, je ne vis plus
Qu'une outre aux flancs gluants, toute pleine de pus!
Je fermai les deux yeux, dans ma froide épouvante,
Et quand je les rouvris à la clarté vivante,
A mes côtés, au lieu du mannequin puissant
Qui semblait avoir fait provision de sang,
Tremblaient confusément des débris de squelette,
Qui d'eux-mêmes rendaient le cri d'une girouette
Ou d'une enseigne, au bout d'une tringle de fer,
Que balance le vent pendant les nuits d'hiver.

GALANTERIES

VIII

Le Jet d'Eau

TES beaux yeux sont las, pauvre amante!
  Reste longtemps, sans les rouvrir,
Dans cette pose nonchalante
Où t'a surprise le plaisir.
Dans la cour le jet d'eau qui jase
Et ne se tait ni nuit ni jour,
Entretient doucement l'extase
Où ce soir m'a plongé l'amour.

    La gerbe épanouie
      En mille fleurs,
    Où Phœbé réjouie
      Met ses couleurs,
    Tombe comme une pluie
      De larges pleurs.

Ainsi ton âme qu'incendie
L'éclair brûlant des voluptés
S'élance, rapide et hardie,
Vers les vastes cieux enchantés.
Puis, elle s'épanche, mourante,
En un flot de triste langueur,
Qui par une invisible pente
Descend jusqu'au fond de mon cœur.

    La gerbe épanouie
      En mille fleurs,
    Où Phœbé réjouie
      Met ses couleurs,
    Tombe comme une pluie
      De larges pleurs.

O toi, que la nuit rend si belle,
Qu'il m'est doux, penché vers tes seins,
D'écouter la plainte éternelle
Qui sanglote dans les bassins!
Lune, eau sonore, nuit bénie,
Arbres qui frissonnez autour,
Votre pure mélancolie
Est le miroir de mon amour.

La gerbe épanouie
En mille fleurs,
Où Phœbé réjouie
Met ses couleurs,
Tombe comme une pluie
De larges pleurs.

IX

Les Yeux de Berthe

VOUS pouvez mépriser les yeux les plus célèbres,
Beaux yeux de mon enfant, par où filtre et s'enfuit
Je ne sais quoi de bon, de doux comme la Nuit!
Beaux yeux, versez sur moi vos charmantes ténèbres!

Grands yeux de mon enfant, arcanes adorés,
Vous ressemblez beaucoup à ces grottes magiques
Où, derrière l'amas des ombres léthargiques,
Scintillent vaguement des trésors ignorés!

Mon enfant a des yeux obscurs, profonds et vastes,
Comme toi, Nuit immense, éclairés comme toi!
Leurs feux sont ces pensers d'Amour, mêlés de Foi,
Qui pétillent au fond, voluptueux ou chastes.

X

Hymne

A LA très-chère, à la très-belle
   Qui remplit mon cœur de clarté,
A l'ange, à l'idole immortelle,
Salut en l'immortalité !

Elle se répand dans ma vie
Comme un air imprégné de sel,
Et dans mon âme inassouvie
Verse le goût de l'éternel.

Sachet toujours frais qui parfume
L'atmosphère d'un cher réduit,
Encensoir oublié qui fume
En secret à travers la nuit,

Comment, amour incorruptible,
T'exprimer avec vérité?
Grain de musc qui gis, invisible,
Au fond de mon éternité !

A la très-bonne, à la très-belle
Qui fait ma joie et ma santé,
A l'ange, à l'idole immortelle,
Salut en l'immortalité !

XI

Les Promesses d'un Visage

J'AIME, ô pâle beauté, tes sourcils surbaissés,
  D'où semblent couler des ténèbres;
Tes yeux, quoique très-noirs, m'inspirent des pensers
  Qui ne sont pas du tout funèbres.

Tes yeux, qui sont d'accord avec tes noirs cheveux,
  Avec ta crinière élastique,
Tes yeux languissamment, me disent: « Si tu veux,
  Amant de la muse plastique,

Suivre l'espoir qu'en toi nous avons excité,
  Et tous les goûts que tu professes,
Tu pourras constater notre véracité
  Depuis le nombril jusqu'aux fesses;

Tu trouveras au bout de deux beaux seins bien lourds,
  Deux larges médailles de bronze,
Et sous un ventre uni, doux comme du velours,
  Bistré comme la peau d'un bonze,

Une riche toison qui, vraiment, est la soeur
  De cette énorme chevelure,
Souple et frisée, et qui t'égale en épaisseur,
  Nuit sans étoiles, Nuit obscure!»

XII

Le Monstre ou la Paranymphe d'une Nymphe
Macabre

i

TU n'es certes pas, ma très-chère,
    Ce que Veuillot nomme un tendron.
Le jeu, l'amour, la bonne chère,
Bouillonnent en toi, vieux chaudron!
Tu n'es plus fraîche, ma très-chère,

Ma vieille infante! Et cependant
Tes caravanes insensées
T'ont donné ce lustre abondant
Des choses qui sont très-usées,
Mais qui séduisent cependant.

Je ne trouve pas monotone
La verdeur de tes quarante ans;
Je préfère tes fruits, Automne,
Aux fleurs banales du Printemps!
Non, tu n'es jamais monotone!

Ta carcasse a des agréments
Et des grâces particulières;
Je trouve d'étranges piments
Dans le creux de tes deux salières;
Ta carcasse a des agréments!

Nargue des amants ridicules
Du melon et du giraumont!
Je prefère tes clavicules
A celles du roi Saîomon,[1]
Et je plains ces gens ridicules!

[1] Voilà un calembour salé! Nous ne cabalerons pas contre. [*Note de l'éditeur.*]

Tes cheveux, comme un casque bleu,
Ombragent ton front de guerrière,
Qui ne pense et rougit que peu,
Et puis se sauvent par derrière,
Comme des crins d'un casque bleu.

Tes yeux qui semblent de la boue,
Où scintille quelque fanal,
Ravivés au fard de ta joue,
Lancent un éclair infernal!
Tes yeux sont noirs comme la boue!

Par sa luxure et son dédain
Ta lèvre amère nous provoque;
Cette lèvre, c'est un Eden
Qui nous attire et qui nous choque.
Quelle luxure! et quel dédain!

Ta jambe musculeuse et sèche
Sait gravir au haut des volcans,
Et malgré la neige et la dèche
Danser les plus fougueux cancans[1]
Ta jambe est musculeuse et sèche;

Ta peau brûlante et sans douceur,
Comme celle des vieux gendarmes,
Ne connaît pas plus la sueur
Que ton œil ne connaît les larmes.
(Et pourtant elle a sa douceur!)

---

[1] Sans doute une allusion à quelque particularité des *caravanes* de cette dame.
M. Prévost-Paradol l'eût avertie qu'elle dansait le cancan sur un volcan. [*Note de l'éditeur.*]

ii

Sotte, tu t'en vas droit au Diable!
Volontiers j'irais avec toi,
Si cette vitesse effroyable
Ne me causait pas quelque émoi.
Va-t'en donc, toute seule, au Diable!

Mon rein, mon poumon, mon jarret
Ne me laissent plus rendre hommage
A ce Seigneur, comme il faudrait.
«Hélas! c'est vraiment dommage!»
Disent mon rein et mon jarret.

Oh! très-sincèrement je souffre
De ne pas aller aux sabbats,
Pour voir, quand il pète du soufre,
Comment tu lui baises son cas![1]
Oh! très-sincèrement je souffre!

Je suis diablement affligé
De ne pas être ta torchère,
Et de te demander congé,
Flambeau d'enfer! Juge, ma chère,
Combien je dois être affligé,

Puisque depuis longtemps je t'aime,
Étant très-logique! En effet,
Voulant du Mal chercher la crème
Et n'aimer qu'un monstre parfait,
Vraiment oui! vieux monstre, je t'aime!

---

[1] A la *Messe noire*. Comme ces poëtes sont superstitieux! [*Note de l'éditeur.*]

XIII

Franciscæ Meæ Laudes

VERS COMPOSÉS POUR UNE MODISTE ÉRUDITE ET DÉVOTE[1]

NOVIS te cantabo chordis,
  O novelletum quod ludis
In solitudine cordis.

Esto sertis implicata,
O fœmina delicata
Per quam solvuntur peccata!

Sicut beneficum Lethe,
Hauriam oscula de te,
Quæ imbuta es magnete.

Quum vitiorum tempestas
Turbabat omnes semitas,
Apparuisti, Deitas,

---

[1] Le sous-titre de cette pièce, supprimée dans la seconde édition des *Fleurs du Mal*, se trouve dans la première avec la drôle de note suivante: "Ne semble-t-il pas au lecteur, comme à moi, que la langue de la dernière décadence latine—suprême soupir d'une personne robuste, déjà transformée et préparée pour la vie spirituelle,—est singulièrement propre à exprimer la passion, telle que l'a comprise et sentie le monde poétique moderne? La mysticité est l'autre pôle de cet aimant dont Catulle et sa bande, poëtes brutaux et purement épidermiques, n'ont connu que le pôle sensualité. Dans cette merveilleuse langue, le solécisme et le barbarisme me paraissent rendre les négligences forcées d'une passion qui s'oublie et se moque des règles. Les mots, pris dans une acceptation nouvelle, révèlent la maladresse charmante du barbare du nord, agenouillé devant la beauté romaine. Le calembour lui-même, quand il traverse ces pédantesques bégayements, ne joue-t-il pas la grâce sauvage et baroque de l'enfance." C.B.

Velut stella salutaris
In naufragiis amaris. . . .
—Suspendam cor tuis aris!

Piscina plena virtutis,
Fons æternæ juventutis,
Labris vocem redde mutis!

Quod erat spurcum, cremasti;
Quod rudius, exæquasti;
Quod debile, confirmasti!

In fame mea taberna,
In nocte mea lucerna,
Recte me semper guberna.

Adde nunc vires viribus,
Dulce balneum suavibus
Unguentatum odoribus!

Meos circa lumbos mica,
O castitatis lorica,
Aqua tincta seraphica;

Patera gemmis corusca,
Panis salsus, mollis esca,
Divinum vinum, Francisca!

ÉPIGRAPHES

XIV

VERS POUR LE PORTRAIT

de M. Honoré Daumier[1]

CELUI dont nous t'offrons l'image,
   Et dont l'art, subtil entre tous,
Nous enseigne à rire de nous,
Celui-là, lecteur, est un sage.

C'est un satirique, un moqueur;
Mais l'énergie avec laquelle
Il peint le Mal et sa séquelle
Prouve la beauté de son cœur.

Son rire n'est pas la grimace
De Melmoth ou de Méphisto
Sous la torche de l'Alecto
Qui les brûle, mais qui nous glace.

Leur rire, hélas! de la gaîté
N'est que la douloureuse charge;
Le sien rayonne, franc et large,
Comme un signe de sa bonté!

---

[1] Ces stances ont été faites pour un portrait de M. Daumier, gravé d'après le remarquable médaillon de M. Pascal, et reproduit dans le second volume de *L'Histoire de la Caricature* de M. Champfleury, où cet écrivain a rendu justice au caricaturiste avec cette raison passionnée qui lui est habituelle. [*Note de l'éditeur.*]

XV

Lola de Valence[1]

ENTRE tant de beautés que partout on peut voir,
   Je comprends bien, amis, que le désir balance;
Mais on voit scintiller en Lola de Valence
Le charme inattendu d'un bijou rose et noir.

XVI

Sur le Tasse en Prison

D'EUGÈNE DELACROIX

LE poëte au cachot, débraillé, maladif,
   Roulant un manuscrit sous son pied convulsif,
Mesure d'un regard que la terreur enflamme
L'escalier de vertige où s'abîme son âme.

Les rires enivrants dont s'emplit la prison
Vers l'étrange et l'absurde invitent sa raison;
Le Doute l'environne, et la Peur ridicule,
Hideuse et multiforme, autour de lui circule.

Ce génie enfermé dans un taudis malsain,
Ces grimaces, ces cris, ces spectres dont l'essaim
Tourbillonne, ameuté derrière son oreille,

Ce rêveur que l'horreur de son logis réveille,
Voilà bien ton emblème, Ame aux songes obscurs,
Que le Réel étouffe entre ses quatre murs !

[1] Ces vers ont été composés pour servir d'inscription à un merveilleux portrait de mademoiselle Lola, ballerine espagnole, par M. Édouard Manet, qui, comme tous les tableaux du même peintre, a fait esclandre.— La muse de M. Charles Baudelaire est si généralement suspecte, qu'il s'est trouvé des critiques d'estaminet pour dénicher un sens obscène dans le *bijou rose et noir*. Nous croyons, nous, que le poëte a voulu simplement dire qu'une beauté, d'un caractère à la fois ténébreux et folâtre, faisait rêver à l'association du *rose* et du *noir*. [*Note de l'éditeur.*]

PIÈCES DIVERSES

XVII

La Voix

MON berceau s'adossait à la bibliothèque,
    Babel sombre, où roman, science, fabliau,
Tout, la cendre latine et la poussière grecque,
Se mêlaient. J'étais haut comme un in-folio.
Deux voix me parlaient. L'une, insidieuse et ferme,
Disait: «La Terre est un gâteau plein de douceur;
Je puis (et ton plaisir serait alors sans terme!)
Te faire un appétit d'une égale grosseur.»
Et l'autre: «Viens! oh! viens voyager dans les rêves,
Au delà du possible, au delà du connu!»
Et celle-là chantait comme le vent des grèves,
Fantôme vagissant, on ne sait d'où venu,
Qui caresse l'oreille et cependant l'effraie.
Je te répondis: «Oui! douce voix!» C'est d'alors
Que date ce qu'on peut, hélas! nommer ma plaie
Et ma fatalité. Derrière les décors
De l'existence immense, au plus noir de l'abîme,
Je vois distinctement des mondes singuliers,
Et, de ma clairvoyance extatique victime,
Je traîne des serpents qui mordent mes souliers.
Et c'est depuis ce temps que, pareil aux prophètes,
J'aime si tendrement le désert et la mer;
Que je ris dans les deuils et pleure dans les fêtes,
Et trouve un goût suave au vin le plus amer;
Que je prends très-souvent les faits pour des mensonges,
Et que, les yeux au ciel, je tombe dans des trous.
Mais la Voix me console et dit: «Garde tes songes:
Les sages n'en ont pas d'aussi beaux que les fous!»

XVIII

L'Imprévu[1]

HARPAGON, qui veillait son père agonisant,
   Se dit, rêveur, devant ces lèvres déjà blanches:
«Nous avons au grenier un nombre suffisant,
   Ce me semble, de vieilles planches?»

Célimène roucoule et dit: «Mon cœur est bon,
Et naturellement, Dieu m'a faite très-belle.»
— Son cœur! cœur racorni, fumé comme un jambon,
   Recuit à la flamme éternelle!

Un gazetier fumeux, qui se croit un flambeau,
Dit au pauvre, qu'il a noyé dans les ténèbres:
«Où donc l'aperçois-tu, ce créateur du Beau,
   Ce Redresseur que tu célèbres?»

Mieux que tous, je connais certain voluptueux
Qui bâille nuit et jour, et se lamente et pleure,
Répétant, l'impuissant et le fat: «Oui, je veux
   Être vertueux, dans une heure!»

L'horloge, à son tour, dit à voix basse: «Il est mûr,
Le damné! J'avertis en vain la chair infecte.
L'homme est aveugle, sourd, fragile, comme un mur
   Qu'habite et que ronge un insecte!»

---

[1] Ici l'auteur des *Fleurs du Mal* se tourne vers la Vie éternelle.
Ça devait finir comme ça.
   Observons que, comme tous les nouveaux convertis, il se montre très-rigoureux et très-fanatique. [*Note de l'éditeur.*]

Et puis, Quelqu'un paraît, que tous avaient nié,
Et qui leur dit, railleur et fier: « Dans mon ciboire,
Vous avez, que je crois, assez communié,
    A la joyeuse Messe noire?

Chacun de vous m'a fait un temple dans son cœur;
Vous avez, en secret, baisé ma fesse immonde![1]
Reconnaissez Satan à son rire vainqueur,
    Énorme et laid comme le monde!

Avez-vous donc pu croire, hypocrites surpris,
Qu'on se moque du maître, et qu'avec lui l'on triche,
Et qu'il soit naturel de recevoir deux prix,
    D'aller au Ciel et d'être riche?

Il faut que le gibier paye le vieux chasseur
Qui se morfond longtemps à l'affût de la proie.
Je vais vous emporter à travers l'épaisseur,
    Compagnons de ma triste joie,

A travers l'épaisseur de la terre et du roc,
A travers les amas confus de votre cendre,
Dans un palais aussi grand que moi, d'un seul bloc,
    Et qui n'est pas de pierre tendre;

Car il est fait avec l'universel Péché,
Et contient mon orgueil, ma douleur et ma gloire!»
— Cependant, tout en haut de l'univers juché,
    Un Ange sonne la victoire

---

[1] Voir à propos de la *messe* et de la *fesse*, la *Sorcière*, de Michelet, la *Monographie du Diable*, de Charles Louandre, le *Rituel de la haute Magie*, d'Éliphas Lévi, et, en général, tous les auteurs traitant de la sorcellerie, de la démonologie et du rite diabolique. [*Note de l'éditeur.*]

De ceux dont le cœur dit: «Que béni soit ton fouet,
Seigneur! que la douleur, ô Père, soit bénie!
Mon âme dans tes mains n'est pas un vain jouet,
   Et ta prudence est infinie.»

Le son de la trompette est si délicieux,
Dans ces soirs solennels de célestes vendanges,
Qu'il s'infiltre comme une extase dans tous ceux
   Dont elle chante les louanges.

XIX

La Rançon

L'HOMME a, pour payer sa rançon,
   Deux champs au tuf profond et riche,
Qu'il faut qu'il remue et défriche
Avec le fer de la raison;

Pour obtenir la moindre rose,
Pour extorquer quelques épis,
Des pleurs salés de son front gris
Sans cesse il faut qu'il les arrose.

L'un est l'Art, et l'autre l'Amour.
—Pour rendre le juge propice,
Lorsque de la stricte justice
Paraîtra le terrible jour,

Il faudra lui montrer des granges
Pleines de moissons, et des fleurs
Dont les formes et les couleurs
Gagnent le suffrage des Anges.

XX

A une Malabaraise

TES pieds sont aussi fins que tes mains, et ta hanche
   Est large à faire envie à la plus belle blanche;
A l'artiste pensif ton corps est doux et cher;
Tes grands yeux de velours sont plus noirs que ta chair.
Aux pays chauds et bleus où ton Dieu t'a fait naître,
Ta tâche est d'allumer la pipe de ton maître,
De pourvoir les flacons d'eaux fraîches et d'odeurs,
De chasser loin du lit les moustiques rôdeurs,
Et, dès que le matin fait chanter les platanes,
D'acheter au bazar ananas et bananes.
Tout le jour, où tu veux, tu mènes tes pieds nus,
Et fredonnes tout bas de vieux airs inconnus;
Et quand descend le soir au manteau d'écarlate,
Tu poses doucement ton corps sur une natte,
Où tes rêves flottants sont pleins de colibris,
Et toujours, comme toi, gracieux et fleuris.

Pourquoi, l'heureuse enfant, veux-tu voir notre France,
Ce pays trop peuplé que fauche la souffrance,
Et, confiant ta vie aux bras forts des marins,
Faire de grands adieux à tes chers tamarins?
Toi, vêtue à moitié de mousselines frêles,
Frissonnante là-bas sous la neige et les grêles,
Comme tu pleurerais tes loisirs doux et francs,
Si, le corset brutal emprisonnant tes flancs,
Il te fallait glaner ton souper dans nos fanges
Et vendre le parfum de tes charmes étranges,
L'œil pensif, et suivant, dans nos sales brouillards,
Des cocotiers absents les fantômes épars!

BOUFFONNERIES

XXI

*Sur les Débuts d'Amina Boschetti au Théâtre
de la Monnaie à Bruxelles*

AMINA bondit, — fuit, — puis voltige et sourit;
    Le Welche dit: « Tout ça, pour moi, c'est du prâcrit;
Je ne connais, en fait de nymphes bocagères,
Que celles de *Montagne-aux-Herbes-potagères.* »

Du bout de son pied fin et de son œil qui rit,
Amina verse à flots le délire et l'esprit;
Le Welche dit: « Fuyez, délices mensongères!
Mon épouse n'a pas ces allures légères. »

Vous ignorez, sylphide au jarret triomphant,
Qui voulez enseigner la walse à l'éléphant,
Au hibou la gaîté, le rire à la cigogne,

Que sur la grâce en feu le Welche dit: « Haro! »
Et que le doux Bacchus lui versant du bourgogne,
Le monstre répondrait: « J'aime mieux le faro! »

1864

XXII

*A M. Eugène Fromentin à propos d'un Importun
qui se disait son ami*

IL me dit qu'il était très riche,
    Mais qu'il craignait le choléra;
— Que de son or il était chiche,
Mais qu'il goûtait fort l'Opéra;

— Qu'il raffolait de la nature,
Ayant connu monsieur Corot;
— Qu'il n'avait pas encor voiture,
Mais que cela viendrait bientôt;

— Qu'il aimait le marbre et la brique,
Les bois noirs et les bois dorés;
— Qu'il possédait dans sa fabrique
Trois contre-maîtres décorés;

— Qu'il avait, sans compter le reste,
Vingt mille actions sur le *Nord*;
— Qu'il avait trouvé, pour un zeste,
Des encadrements d'Oppenord;

— Qu'il donnerait (fût-ce a Luzarches!)
Dans le bric-à-brac jusqu'au cou,
Et qu'au Marché des Patriarches
Il avait fait plus d'un bon coup;

— Qu'il n'aimait pas beaucoup sa femme,
Ni sa mère; — mais qu'il croyait
A l'immortalité de l'âme,
Et qu'il avait lu Niboyet![1]

— Qu'il penchait pour l'amour physique,
Et qu'à Rome, séjour d'ennui,
Une femme, d'ailleurs phtisique,
Était morte d'amour pour lui.

---

[1] Nous ne savons ce que vient faire ici M. Niboyet; mais M. Baudelaire n'étant pas esclave de la rime, nous devons supposer que *l'importun* s'est vanté d'avoir lu les œuvres de M. Niboyet, comme ayant tous les courages. [*Note de l'éditeur.*]

Pendant trois heures et demie,
Ce bavard venu de Tournai,
M'a dégoisé toute sa vie;
J'en ai le cerveau consterné.

S'il fallait décrire ma peine,
Ce serait à n'en plus finir;
Je me disais, domptant ma haine:
« Au moins, si je pouvais dormir!»

Comme un qui n'est pas à son aise,
Et qui n'ose s'en aller,
Je frottais de mon cul ma chaise,
Rêvant de le faire empaler.

Ce monstre se nomme Bastogne;
Il fuyait devant le fléau.
Moi, je fuirai jusqu'en Gascogne,
Ou j'irai me jeter à l'eau,

Si dans ce Paris, qu'il redoute,
Quand chacun sera retourné,
Je trouve encore sur ma route
Ce fléau natif de Tournai!

Bruxelles, 1865

XXIII

Un Cabaret Folâtre sur la Route de Bruxelles à Uccle

VOUS, qui raffolez des squelettes
   Et des emblèmes détestés,
Pour épicer les voluptés,
(Fût-ce de simples omelettes!)

Vieux Pharaon, ô Monselet![1]
Devant cette enseigne imprévue,
J'ai rêvé de vous: *A la vue
Du Cimetière, Estaminet!*

---

[1] La malice est cousue de fil blanc; tout le monde sait que M. Monselet fait profession d'aimer à la rage le rose et le gai.—Un jour M. Monselet reprochait à M. Baudelaire d'avoir écrit ce vers abominable, à propos d'un pendu dont les oiseaux ont crevé le ventre: *Ses intestins pesants lui coulaient sur les cuisses.*

"Mais, dit le poëte impatienté, je ne pouvais pas faire autrement. Le sujet voulait cela. Qu'auriez-vous préféré à cette image? — Une rose," répondit M. Monselet.

Cependant il ne faudrait pas croire que l'indispensable mélancolie ne perce pas de temps en temps sous ce vernis anacréontique. Nous avons vu récemment une petite composition de lui, où, se reprochant d'avoir rebuté une pauvresse, le poëte se met à sa recherche, et ne se couche que tout triste de ne l'avoir pu retrouver. Cette pièce est d'un homme vraiment sensible, même à jeun.

Regrettons que M. Monselet ne cède pas plus souvent à son tempérament lyrique, qu'une gaieté, tant soit peu artificielle, a trop souvent contrarié. [*Note de l'éditeur.*]

NOUVELLES FLEURS DU MAL

I

L'Examen de Minuit

LA pendule, sonnant minuit,
    Ironiquement nous engage
A nous rappeler quel usage
Nous fîmes du jour qui s'enfuit:
— Aujourd'hui, date fatidique,
Vendredi, treize, nous avons,
Malgré tout ce que nous savons,
Mené le train d'un hérétique;

Nous avons blasphémé Jésus,
Des Dieux le plus incontestable!
Comme un parasite à la table
De quelque monstreux Crésus,
Nous avons, pour plaire à la brute,
Digne vassale des Démons,
Insulté ce que nous aimons
Et flatté ce qui nous rebute;

Contristé, servile bourreau,
Le faible qu'à tort on méprise;
Salué l'énorme Bêtise,
La Bêtise au front de taureau;
Baisé la stupide Matière
Avec grande dévotion,
Et de la putréfaction
Béni la blafarde lumière;

Enfin, nous avons, pour noyer
Le vertige dans le délire,
Nous, prêtre orgueilleux de la Lyre,
Dont la gloire est de déployer
L'ivresse des choses funèbres,
Bu sans soif et mangé sans faim!
— Vite soufflons la lampe, afin
De nous cacher dans les ténèbres!

II

Épigraphe pour un Livre Condamné

LECTEUR paisible et bucolique,
    Sobre et naïf homme de bien,
Jette ce livre saturnien,
Orgiaque et mélancolique.

Si tu n'as fait ta rhétorique
Chez Satan, le rusé doyen,
Jette! tu n'y comprendrais rien,
Ou tu me croirais hystérique.

Mais si, sans se laisser charmer,
Ton œil sait plonger dans les gouffres,
Lis-moi, pour apprendre à m'aimer;

Ame curieuse qui souffres
Et vas cherchant ton paradis,
Plains-moi! . . . Sinon, je te maudis!

III

Madrigal Triste

i

QUE m'importe que tu sois sage?
       Sois belle! et sois triste! Les pleurs
Ajoutent un charme au visage,
Comme le fleuve au paysage;
L'orage rajeunit les fleurs.

Je t'aime surtout quand la joie
S'enfuit de ton front terrassé;
Quand ton cœur dans l'horreur se noie;
Quand sur ton présent se déploie
Le nuage affreux du passé.

Je t'aime quand ton grand œil verse
Une eau chaude comme le sang;
Quand, malgré ma main qui te berce,
Ton angoisse, trop lourde, perce
Comme un râle d'agonisant.

J'aspire, volupté divine!
Hymne profond, délicieux!
Tous les sanglots de ta poitrine,
Et crois que ton cœur s'illumine
Des perles que versent tes yeux!

ii

Je sais que ton cœur, qui regorge
De vieux amours déracinés,
Flamboie encor comme une forge,
Et que tu couves sous ta gorge
Un peu de l'orgueil des damnés;

Mais tant, ma chère, que tes rêves
N'auront pas reflété l'Enfer,
Et qu'en un cauchemar sans trêves,
Songeant de poisons et de glaives,
Éprise de poudre et de fer,

N'ouvrant à chacun qu'avec crainte,
Déchiffrant le malheur partout,
Te convulsant quand l'heure tinte,
Tu n'auras pas senti l'étreinte
De l'irrésistible Dégoût,

Tu ne pourras, esclave reine
Qui ne m'aimes qu'avec effroi,
Dans l'horreur de la nuit malsaine
Me dire, l'âme de cris pleine:
« Je suis ton égale, ô mon Roi! »

IV

L'Avertisseur

TOUT homme digne de ce nom
A dans le cœur un Serpent jaune,
Installé comme sur un trône,
Qui, s'il dit: « Je veux! » répond: « Non! »

Plonge tes yeux dans les yeux fixes
Des Satyresses ou des Nixes,
La Dent dit: « Pense à ton devoir! »

Fais des enfants, plante des arbres,
Polis des vers, sculpte des marbres,
La Dent dit: « Vivras-tu ce soir? »

Quoi qu'il ébauche ou qu'il espère,
L'homme ne vit pas un moment
Sans subir l'avertissement
De l'insupportable Vipère.

V

Le Rebelle

UN Ange furieux fond du ciel comme un aigle,
    Du mécréant saisit à plein poing les cheveux,
Et dit, le secouant: «Tu connaîtras la règle!
(Car je suis ton bon Ange, entends-tu?) Je le veux!

Sache qu'il faut aimer, sans faire la grimace,
Le pauvre, le méchant, le tortu, l'hébété,
Pour que tu puisses faire à Jésus, quand il passe,
Un tapis triomphal avec ta charité.

Tel est l'Amour! Avant que ton cœur ne se blase,
A la gloire de Dieu rallume ton extase;
C'est la Volupté vraie aux durables appas!»

Et l'Ange, châtiant autant, ma foi! qu'il aime,
De ses poings de géant torture l'anathème;
Mais le damné répond toujours: «Je ne veux pas!»

VI

Bien Loin d'Ici

C'EST ici la case sacrée
    Où cette fille très-parée,
Tranquille et toujours préparée,

D'une main éventant ses seins,
Et son coude dans les coussins,
Écoute pleurer les bassins;

C'est la chambre de Dorothée.
—La brise et l'eau chantent au loin
Leur chanson de sanglots heurtée
Pour bercer cette enfant gâtée.

De haut en bas, avec grand soin,
Sa peau délicate est frottée
D'huile odorante et de benjoin.
— Des fleurs se pâment dans un coin.

VII

Recueillement

SOIS sage, ô ma Douleur, et tiens-toi plus tranquille.
  Tu réclamais le Soir; il descend; le voici:
Une atmosphère obscure enveloppe la ville,
Aux uns portant la paix, aux autres le souci.

Pendant que des mortels la multitude vile,
Sous le fouet du Plaisir, ce bourreau sans merci,
Va cueillir des remords dans la fête servile,
Ma Douleur, donne-moi la main; viens par ici,

Loin d'eux. Vois se pencher les défuntes Années,
Sur les balcons du ciel, en robes surannées;
Surgir du fond des eaux le Regret souriant;

Le Soleil moribond s'endormir sous une arche,
Et, comme un long linceul traînant à l'Orient,
Entends, ma chère, entends la douce Nuit qui marche.

VIII

Le Gouffre

PASCAL avait son gouffre, avec lui se mouvant.
    — Hélas! tout est abîme, — action, désir, rêve,
Parole! et sur mon poil qui tout droit se relève
Mainte fois de la Peur je sens passer le vent.

En haut, en bas, partout, la profondeur, la grève,
Le silence, l'espace affreux et captivant . . .
Sur le fond de mes nuits Dieu de son doigt savant
Dessine un cauchemar multiforme et sans trêve.

J'ai peur du sommeil comme on a peur d'un grand trou
Tout plein de vague horreur, menant on ne sait où;
Je ne vois qu'infini par toutes les fenêtres,

Et mon esprit, toujours du vertige hanté,
Jalouse du néant l'insensibilité.
— Ah! ne jamais sortir des Nombres et des Êtres!

IX

Les Plaintes d'un Icare

LES amants des prostituées
    Sont heureux, dispos et repus;
Quant à moi, mes bras sont rompus
Pour avoir étreint des nuées.

C'est grâce aux astres nonpareils,
Qui tout au fond du ciel flamboient,
Que mes yeux consumés ne voient
Que des souvenirs de soleils.

En vain j'ai voulu de l'espace
Trouver la fin et le milieu;
Sous je ne sais quel œil de feu
Je sens mon aile qui se casse;

Et brûlé par l'amour du beau,
Je n'aurai pas l'honneur sublime
De donner mon nom à l'abîme
Qui me servira de tombeau.

X

Le Couvercle

EN quelque lieu qu'il aille, ou sur mer ou sur terre,
Sous un climat de flamme ou sous un soleil blanc,
Serviteur de Jésus, courtisan de Cythère,
Mendiant ténébreux ou Crésus rutilant,

Citadin, campagnard, vagabond, sédentaire,
Que son petit cerveau soit actif ou soit lent,
Partout l'homme subit la terreur du mystère,
Et ne regarde en haut qu'avec un œil tremblant.

En haut, le Ciel! ce mur de caveau qui l'étouffe,
Plafond illuminé par un opéra bouffe
Où chaque histrion foule un sol ensanglanté;

Terreur du libertin, espoir du fol ermite:
Le Ciel! couvercle noir de la grande marmite
Où bout l'imperceptible et vaste Humanité.

POÈMES AJOUTÉS À L'ÉDITION POSTHUME

I

A Théodore de Banville

1842

VOUS avez empoigné les crins de la Déesse
    Avec un tel poignet, qu'on vous eût pris, à voir
Et cet air de maîtrise et ce beau nonchaloir,
Pour un jeune ruffian terrassant sa maîtresse.

L'œil clair et plein du feu de la précocité,
Vous avez prélassé votre orgueil d'architecte
Dans des constructions dont l'audace correcte
Fait voir quelle sera votre maturité.

Poëte, notre sang nous fuit par chaque pore;
Est-ce que par hasard la robe du Centaure,
Qui changeait toute veine en funèbre ruisseau,

Était teinte trois fois dans les baves subtiles
De ces vindicatifs et monstrueux reptiles
Que le petit Hercule étranglait au berceau?

II

Le Calumet de Paix

IMITÉ DE LONGFELLOW

i

OR Gitche Manito,[1] le Maître de la Vie,
    Le Puissant, descendit dans la verte prairie,
Dans l'immense prairie aux coteaux montueux;
Et là, sur les rochers de la Rouge Carrière,
Dominant tout l'espace et baigné de lumière,
Il se tenait debout, vaste et majestueux.

Alors il convoqua les peuples innombrables,
Plus nombreux que ne sont les herbes et les sables.
Avec sa main terrible il rompit un morceau
Du rocher, dont il fit une pipe superbe,
Puis, au bord du ruisseau, dans une énorme gerbe,
Pour s'en faire un tuyau, choisit un long roseau.

Pour la bourrer il prit au saule son écorce;
Et lui, le Tout-Puissant, Créateur de la Force,
Debout, il alluma, comme un divin fanal,
La Pipe de la Paix. Debout sur la Carrière
Il fumait, droit, superbe et baigné de lumière.
Or pour les nations c'était le grand signal.

Et lentement montait la divine fumée
Dans l'air doux du matin, onduleuse, embaumée.
Et d'abord ce ne fut qu'un sillon ténébreux;
Puis la vapeur se fit plus bleue et plus épaisse,
Puis blanchit; et montant, et grossissant sans cesse,
Elle alla se briser au dur plafond des cieux.

[1] Prononcez: *Guitchi Manitou.*

Des plus lointains sommets des Montagnes Rocheuses,
Depuis les lacs du Nord aux ondes tapageuses,
Depuis Tawasentha, le vallon sans pareil,
Jusqu'à Tuscaloosa, la forêt parfumée,
Tous virent le signal et l'immense fumée
Montant paisiblement dans le matin vermeil.

Les Prophètes disaient: «Voyez-vous cette bande
De vapeur, qui, semblable à la main qui commande,
Oscille et se détache en noir sur le soleil?
C'est Gitche Manito, le Maître de la Vie,
Qui dit aux quatre coins de l'immense prairie:
«Je vous convoque tous, guerriers, à mon conseil!»

Par le chemin des eaux, par la route des plaines,
Par les quatre côtés d'où soufflent les haleines
Du vent, tous les guerriers de chaque tribu, tous,
Comprenant le signal du nuage qui bouge,
Vinrent docilement à la Carrière Rouge
Où Gitche Manito leur donnait rendez-vous.

Les guerriers se tenaient sur la verte prairie,
Tous équipés en guerre, et la mine aguerrie,
Bariolés ainsi qu'un feuillage automnal;
Et la haine qui fait combattre tous les êtres,
La haine qui brûlait les yeux de leurs ancêtres
Incendiait encor leurs yeux d'un feu fatal.

Et leurs yeux étaient pleins de haine héréditaire.
Or Gitche Manito, le Maître de la Terre,
Les considérait tous avec compassion,
Comme un père très-bon, ennemi du désordre,
Qui voit ses chers petits batailler et se mordre:
Tel Gitche Manito pour toute nation.

Il étendit sur eux sa puissante main droite
Pour subjuguer leur cœur et leur nature étroite,
Pour rafraîchir leur fièvre à l'ombre de sa main;
Puis il leur dit avec sa voix majestueuse,
Comparable à la voix d'une eau tumultueuse
Qui tombe et rend un son monstrueux, surhumain:

ii

«O ma postérité, déplorable et chérie!
O mes fils! écoutez la divine raison.
C'est Gitche Manito, le Maître de la Vie,
Qui vous parle! celui qui dans votre patrie
A mis l'ours, le castor, le renne et le bison.

Je vous ai fait la chasse et la pêche faciles;
Pourquoi donc le chasseur devient-il assassin?
Le marais fut par moi peuplé de volatiles;
Pourquoi n'êtes-vous pas contents, fils indociles?
Pourquoi l'homme fait-il la chasse à son voisin?

Je suis vraiment bien las de vos horribles guerres.
Vos prières, vos vœux mêmes sont des forfaits!
Le péril est pour vous dans vos humeurs contraires,
Et c'est dans l'union qu'est votre force. En frères
Vivez donc, et sachez vous maintenir en paix.

Bientôt vous recevrez de ma main un Prophète
Qui viendra vous instruire et souffrir avec vous.
Sa parole fera de la vie une fête;
Mais si vous méprisez sa sagesse parfaite,
Pauvres enfants maudits, vous disparaîtrez tous!

Effacez dans les flots vos couleurs meurtrières.
Les roseaux sont nombreux et le roc est épais;
Chacun en peut tirer sa pipe. Plus de guerres,
Plus de sang! Désormais vivez comme des frères,
Et tous, unis, fumez le Calumet de Paix!»

iii

Et soudain tous, jetant leurs armes sur la terre,
Lavent dans le ruisseau les couleurs de la guerre
Qui luisaient sur leurs fronts cruels et triomphants.
Chacun creuse une pipe et cueille sur la rive
Un long roseau qu'avec adresse il enjolive.
Et l'Esprit souriait à ses pauvres enfants!

Chacun s'en retourna l'âme calme et ravie,
Et Gitche Manito, le Maître de la Vie,
Remonta par la porte entr'ouverte des cieux.
—A travers la vapeur splendide du nuage
Le Tout-Puissant montait, content de son ouvrage,
Immense, parfumé, sublime, radieux!

III

La Prière d'un Païen

AH! ne ralentis pas tes flammes;
    Réchauffe mon cœur engourdi,
Volupté, torture des âmes:
Diva! supplicem exaudi!

Déesse dans l'air répandue,
Flamme dans notre souterrain!
Exauce une âme morfondue,
Qui te consacre un chant d'airain.

Volupté, sois toujours ma reine!
Prends le masque d'une sirène
Faite de chair et de velours,

Ou verse-moi tes sommeils lourds
Dans le vin informe et mystique,
Volupté, fantôme élastique!

IV

La Lune Offensée

O LUNE qu'adoraient discrètement nos pères,
Du haut des pays bleus où, radieux sérail,
Les astres vont te suivre en pimpant attirail,
Ma vieille Cynthia, lampe de nos repaires,

Vois-tu les amoureux, sur leurs grabats prospères,
De leur bouche en dormant montrer le frais émail?
Le poëte buter du front sur son travail?
Ou sous les gazons secs s'accoupler les vipères?

Sous ton domino jaune, et d'un pied clandestin,
Vas-tu, comme jadis, du soir jusqu'au matin,
Baiser d'Endymion les grâces surannées?

— « Je vois ta mère, enfant de ce siècle appauvri,
Qui vers son miroir penche un lourd amas d'années,
Et plâtre artistement le sein qui t'a nourri! »

JUVENILIA

I

N'EST-CE pas qu'il est doux, maintenant que nous
     sommes
Fatigués et flétris comme les autres hommes,
De chercher quelquefois à l'Orient lointain
Si nous voyons encor les rougeurs du matin,
Et, quand nous avançons dans la rude carrière,
D'écouter les échos qui chantent en arrière
Et les chuchotements de ces jeunes amours
Que le Seigneur a mis au début de nos jours? . . .

II

Il aimait à la voir, avec ses jupes blanches,
Courir tout au travers du feuillage et des branches,
Gauche et pleine de grâce, alors qu'elle cachait
Sa jambe, si la robe aux buissons s'accrochait . . .

III

INCOMPATIBILITÉ

Tout là-haut, tout là-haut, loin de la route sûre,
Des fermes, des vallons, par delà les coteaux,
Par delà les forêts, les tapis de verdure,
Loin des derniers gazons foulés par les troupeaux,

On rencontre un lac sombre encaissé dans l'abîme
Que forment quelques pics désolés et neigeux;
L'eau, nuit et jour, y dort dans un repos sublime,
Et n'interrompt jamais son silence orageux.

Dans ce morne désert, à l'oreille incertaine
Arrivent par moments des bruits faibles et longs,
Et des échos plus morts que la cloche lointaine
D'une vache qui paît aux penchants des vallons.

Sur ces monts où le vent efface tout vestige,
Ces glaciers pailletés qu'allume le soleil,
Sur ces rochers altiers où guette le vertige,
Dans ce lac où le soir mire son teint vermeil,

Sous mes pieds, sur ma tête et partout le silence,
Le silence qui fait qu'on voudrait se sauver,
Le silence éternel et la montagne immense,
Car l'air est immobile et tout semble rêver.

On dirait que le ciel, en cette solitude,
Se contemple dans l'onde, et que ces monts, là-bas,
Écoutent, recueillis, dans leur grave attitude,
Un mystère divin que l'homme n'entend pas.

Et lorsque par hasard une nuée errante
Assombrit dans son vol le lac silencieux,
On croirait voir la robe ou l'ombre transparente
D'un esprit qui voyage et passe dans les cieux.

[1837-1838]

IV

A HENRI HIGNARD

Tout à l'heure je viens d'entendre
Dehors résonner doucement
Un air monotone et si tendre
Qu'il bruit en moi vaguement,

Une de ces vielles plaintives,
Muses des pauvres Auvergnats,
Qui jadis aux heures oisives
Nous charmaient si souvent, hélas!

Et, son espérance détruite,
Le pauvre s'en fut tristement;
Et moi, je pensai tout de suite
A mon ami que j'aime tant,

Qui me disait en promenade
Que pour lui c'était un plaisir
Qu'une semblable sérénade
Dans un long et morne loisir.

Nous aimions cette humble musique,
Si douce à nos esprits lassés,
Quand elle vint, mélancolique,
Répondre à de tristes pensers.

— Et j'ai laissé les vitres closes,
Ingrat, pour qui m'a fait ainsi
Rêver de si charmantes choses,
Et penser à mon cher Henri!

[1839]

V

A M. ANTONY BRUNO

Vous avez, compagnon, dont le cœur est poète,
Passé dans quelque bourg tout paré, tout vermeil,
Quand le ciel et la terre ont un bel air de fête,
Un dimanche éclairé par un joyeux soleil;

Quand le clocher s'agite et qu'il chante à tue-tête,
Et tient dès le matin le village en éveil,
Quand tous pour entonner l'office qui s'apprête,
S'en vont, jeunes et vieux, en pimpant appareil;

Lors, s'élevant au fond de votre âme mondaine,
Des tons d'orgue mourant et de cloches lointaines
Vous ont-ils pas tiré malgré vous un soupir?

Cette dévotion des champs, joyeuse et franche,
Ne vous a-t-elle pas, triste et doux souvenir,
Rappelé qu'autrefois vous aimiez le dimanche?

[1840]

VI

Je n'ai pas pour maîtresse une lionne illustre.
La gueuse, de mon âme, emprunte tout son lustre.
Insensible aux regards de l'univers moqueur,
Sa beauté ne fleurit que dans mon triste cœur.

Pour avoir des souliers elle a vendu son âme,
Mais le bon Dieu rirait si, près de cette infâme,
Je tranchais du tartufe et singeais la hauteur,
Moi qui vends ma pensée et qui veux être auteur.

Vice beaucoup plus grave, elle porte perruque.
Tous ses beaux cheveux noirs ont fui sa blanche nuque,
Ce qui n'empêche pas les baisers amoureux
De pleuvoir sur son front plus pelé qu'un lépreux.

Elle louche, et l'effet de ce regard étrange,
Qu'ombragent des cils noirs plus longs que ceux d'un ange,
Est tel que tous les yeux, pour qui l'on s'est damné,
Ne valent pas pour moi son œil juif et cerné.

Elle n'a que vingt ans; la gorge, déjà basse,
Pend de chaque côté, comme une calebasse,
Et pourtant, me traînant chaque nuit sur son corps,
Ainsi qu'un nouveau-né, je la tette et la mords.

Et bien qu'elle n'ait pas souvent même une obole
Pour se frotter la chair et pour s'oindre l'épaule,
Je la lèche en silence, avec plus de ferveur
Que Madeleine en feu les deux pieds du Sauveur.

La pauvre créature, au plaisir essoufflée,
A de rauques hoquets la poitrine gonflée,
Et je devine, au bruit de son souffle brutal,
Qu'elle a souvent mordu le pain de l'hôpital.

Ses grands yeux inquiets, durant la nuit cruelle,
Croient voir deux autres yeux au fond de la ruelle,
Car, ayant trop ouvert son cœur à tous venants,
Elle a peur sans lumière et croit aux revenants.

Ce qui fait que, de suif, elle use plus de livres
Qu'un vieux savant couché jour et nuit sur ses livres,
Et redoute bien moins la faim et ses tourments
Que l'apparition de ses défunts amants.

Si vous la rencontrez, bizarrement parée,
Se faufilant, au coin d'une rue égarée,
Et la tête et l'œil bas, comme un pigeon blessé,
Traînant dans les ruisseaux un talon déchaussé,

Messieurs, ne crachez pas de jurons ni d'ordure
Au visage fardé de cette pauvre impure
Que déesse Famine a, par un soir d'hiver,
Contrainte à relever ses jupons en plein air.

Cette bohême-là, c'est mon tout, ma richesse,
Ma perle, mon bijou, ma reine, ma duchesse,
Celle qui m'a bercé sur son giron vainqueur,
Et qui dans ses deux mains a réchauffé mon cœur.

VII

ÉPITAPHE POUR LUI-MÊME

Ci-gît qui, pour avoir par trop aimé les gaupes,
Descendit jeune encore au royaume des taupes.

[1841-1842]

A SHORT BIBLIOGRAPHY OF WORKS
DEALING WITH BAUDELAIRE

THERE is a very large bibliography of works dealing wholly or partly with Baudelaire. Many of these are without lasting interest and most of them are inaccessible in England. The following is a select list of works accessible in English libraries.

A. BÉGUIN *L'Ame Romantique et le Rêve* (Paris 1927).

G. BLIN *Baudelaire* (Paris 1939).

A. CASSAGNE *La Versification de Baudelaire* (Paris 1908).

J. and E. CRÉPET *Baudelaire* (Paris 1907). (This is the best source of material for a study of the biography of the poet.)

A. FERRAN *L'Esthétique de Baudelaire* (Paris 1933).

P. MARTINO *Parnasse et Symbolisme* (Paris 1925).

J. MOUQUET *Vers Retrouvés* (Paris 1929).

F. PORCHÉ *La Vie Douloureuse de Baudelaire* (Paris 1925) (solely biography).

S. RHODES *The Cult of Beauty in Baudelaire* (London 1929).

E. STARKIE *Baudelaire* (London 1933).

NOTES AND VARIANTS

In the variants the word immediately preceding and the word immediately following the variant word (or phrase) are normally repeated from the text in an abbreviated form, unless a whole line is quoted. Alternatively, the reading of the present edition is placed before a square bracket, and variants of other editions or versions after the bracket. References are to the lines in each poem. Lower-case Roman figures refer to the sections into which some of the longer poems are divided.

The following abbreviations have been used to refer to the various editions and to versions of the poems published in reviews.

51 = *Le Messager de l'Assemblée*, 9 April 1851, in which a number of poems were published under the collective title *Limbes*.

52 = The MS. in Baudelaire's hand, of 1852, and belonging to Marc Laffont. It has been printed in facsimile, in 1917, by Crès under the title *Douze Poèmes de Charles Baudelaire*.

55 = *La Revue des Deux Mondes*, 1 June 1855, in which a number of poems were printed under the collective title *Les Fleurs du Mal*.

57 = The first edition of *Les Fleurs du Mal* (Paris, Poulet-Malassis et de Broise, June 1857).

57P = *Le Présent*, 15 November 1857.

57F = *Revue Française*, 20 April, 10 May 1857.

59C = *Revue Contemporaine*, 15 March, 20 May, 15 September, 30 November 1859.

59F = *Revue Française*, 10 April, 20 January 1859.

60A = *L'Artiste*, 15 October 1860.

60C = *Revue Contemporaine*, 15 May 1860.

61 = The second edition of *Les Fleurs du Mal* (Paris, Poulet-Malassis et de Broise, February 1861).

61E = *Revue Européenne*, 15 September, 1 November 1861.

62 = *Les Poètes Français* edited by E. Crépet, Vol. IV (Hachette 1861-1862).

62B = *Le Boulevard*, 12 January, 28 December 1862.

64N = *Revue Nouvelle*, 1 March 1864.

64P = *Le Parnasse Satyrique du XIXe Siècle* (Brussels, Poulet-Malassis, 1864) (The correct place of publication is not printed on the volume, but 'Rome à l'Enseigne des Sept Péchés Capitaux.')

65*P* = *La Petite Revue*, 14 October, 16 December 1865.
66 = Edition of *Les Épaves* (Brussels, Poulet-Malassis 1866). (The correct place of publication is not indicated on the volume, but 'Amsterdam, à l'Enseigne du Coq'—a play on the publisher's name.)
66*P* = *Le Parnasse Contemporain* (Paris, Lemerre 1866), in which Baudelaire printed 16 poems under the collective title *Nouvelles Fleurs du Mal*.
68 = The third, and posthumous, edition of *Les Fleurs du Mal* (Paris, Michel Lévy, 1868).
C.B. (Charles Baudelaire) = autograph corrections or variants.
Var(r). = Variant(s).
Conard = *Les Fleurs du Mal* (Paris, Conard 1922).
N.R.F. = *Les Fleurs du Mal* (Paris, Nouvelle Revue Française 1918).

DÉDICACE (p. 1). In 57, 61, 68. There is a first version, an autograph, published facsimile in 64*P* and printed, with the omission of the second *très* in the first line, by Spoelberch de Lovenjoul in *Histoire des Œuvres de Théophile Gautier*. The first version is as follows:—

A MON TRÈS-CHER ET TRÈS-VÉNÉRÉ MAÎTRE ET AMI,
THÉOPHILE GAUTIER

Bien que je te prie de servir de parrain aux *Fleurs du Mal*, ne crois pas que je sois assez perdu, assez indigne du nom de poëte pour m'imaginer que ces fleurs maladives méritent ton noble patronage. Je sais que dans les régions éthérées de la véritable Poésie, le Mal n'est pas, non plus que le Bien, et que ce misérable dictionnaire de mélancolie et de crime peut légitimer les réactions de la morale, comme le blasphémateur confirme la Religion. Mais j'ai voulu, autant qu'il était en moi, en espérant mieux peut-être, rendre un hommage profond à l'auteur d'*Albertus*, de la *Comédie de la Mort* et d'*España*, au poète impeccable, au magicien-ès-langue française, dont je me déclare, avec autant d'orgueil que d'humilité, le plus dévoué, le plus respectueux et le plus jaloux des disciples.

CHARLES BAUDELAIRE.

Théophile Gautier, however, persuaded Baudelaire to scrap this first version, saying that a *Dédicace* should not be a *profession de foi* (Letter from Baudelaire to Poulet-Malassis, 9 March 1857).

Var. of 57. 2: ès langue française ; *corrected by C.B. in a copy of 57 to* ès langues françaises. (Cf. Conard, p. 409.)

Au Lecteur (p. 1). In 55, 57, 61, 68. Entitled *Préface* in 68.

> *Varr. of 55, 57.* 21-22: Dans nos cerveaux malsains c. un m. d'h., Grouille, chante et ripaille un p. de D. — 24: S'engouffre comme un f. a. de s. p. — 29: lyces — 34: ne fasse ni —
> *Var. of C.B. in a copy of 57* (Cf. Conard, p. 410). 30: singes] ours; v.] singes —

SPLEEN ET IDÉAL

I. Bénédiction (p. 3). In 57, 61, 68. This poem has biographical interest. It reflects the poet's reactions to his mother's disappointment when he refused to accept the career which his parents were planning for him.

> *Varr. of 57.* 38: t. b. et qu'il veut m'a.—40: Que souvent il fallait repeindre et r. — 41: Et je veux me soûler de — 71: Montés par v.m.; *in proof copy* Sertis par v. m. —

II. L'Albatros (p. 6). In 59F, 61, 68. The poem had only three verses when Baudelaire sent it to Asselineau, in his letter of 20 February 1859. The latter answered: 'La pièce de *L'Albatros* est un diamant! Seulement je voudrais une strophe entre la deuxième et la dernière pour insister sur la gaucherie, du moins la gêne de l'Albatros, pour faire tableau de son embarras. Et il me semble que la dernière strophe rejaillirait plus puissante comme effet.' (Crépet *Charles Baudelaire*, p. 311.) According to Prarond the inspiration of the poem was an event which occurred during Baudelaire's voyage to Mauritius in 1841. It seems to me an early poem.

III. Élévation (p. 6). In 57, 61, 68.

> *Varr.* 7: *In a copy of the proofs of 57, C.B. has scribbled in the margin opposite this line:* Gaiment, gaiement, gaîment?—13: 57 les sombres c.—

IV. Correspondances (p. 7). In 57, 61, 68. This poem is inspired by the doctrine of Swedenborg. For the same theme, see the *Salon de 1846*, the *Exposition de 1855* and *Richard Wagner et Tannhauser*. The poem became the core of the literary doctrine of the *Symbolist* movement.

In the first stanza Baudelaire was perhaps thinking of *Al Aaraaf* by Edgar Allan Poe:

> All Nature speaks, and ev'n ideal things
> Flap shadowy sounds from visionary wings.

V. J'aime le souvenir de ces époques nues (p. 8). In 57, 61, 68. This poem, which shows signs of the influence of Chénier's poetry, is probably an early composition.

Varr. 57. 2: D. le soleil se plaît à d. — 9: Louve au coeur ruisselant de t. (*in proofs*) — 10: Suspendait l'u. — 12: b. dont il était le roi — 16: l. où se peut v. (*in the proofs*) — 19: A l'aspect du t. — 20: m. que voile un v. — 21: Des visages manqués et plus laids que des m. — 22: De tous ces pauvres corps, m. — 25: De ces f. — 26: la honte, et de ces vierges —

VI. Les Phares (p. 9) In 57, 61, 68. In the second version of his article, *Exposition de 1855*, reprinted in *Curiosités Esthétiques*, Baudelaire discusses, after quoting it, the eighth stanza of the poem. But no deductions concerning the date of the poem can be made from this fact, since the passage dealing with the poem does not occur in the first version of the article, published 3 June 1855 in *Le Pays*.

Varr. of proofs of 57. 27: m. avec des vierges n. — 43: Que ce cri renaissant qui, *discarded in favour of* Que ce long hurlement qui —

VII. La Muse Malade (p. 11). In 57, 61, 68.

Var. 68. 3: t. s'étaler sur —

VIII. La Muse Vénale (p. 11). In 57, 61, 68.

Var. 57. 11: guères — *C.B. calls attention to this mistake in a letter to Poulet-Malassis,* 4 April 1857.

IX. Le Mauvais Moine (p. 12). In 51, 57, 61, 68. In 1842 or 1843 C.B. gave a copy in his own hand to Auguste Dozon, in which l. 12 reads : *Impuissant Orcagna! quand saurai-je donc faire.* It is probably this poem to which C.B. refers in a letter to Ancelle, 10 January 1850, under the title *Tombeau Vivant.*

Varr. 51. 2: en tableau la — 5: où le Christ avait ses victuailles — 9: est au t. (*obviously a misprint*) —
Var. 68. 1: sur les g. —

X. L'Ennemi (p. 13). In 55, 57, 61, 68.

XI. Le Guignon (p. 13). In 52, 55, 57, 61, 68. The first two stanzas were inspired by *A Psalm of Life* by Longfellow:

> Art is long, and time is fleeing,
> And our hearts, though stout and brave,
> Still, like muffled drums, are beating
> Funeral marches to the grave.

A note in the MS states that line 4 — the first of Longfellow — is taken from Hippocrates. The last two stanzas are a free translation of a passage from *Elegy written in a Country Church-yard* by Thomas Gray:

> Full many a gem of purest ray serene
> The dark unfathomed caves of Ocean bear ;
> Full many a flower is born to blush unseen,
> And waste its sweetness on the desert air.

Varr. 52. Title: L'Artiste Inconnu — 12: épanche en secret — 13: comme un regret —
Var. 55. 14: les] des —

XII. La Vie Antérieure (p. 14). In 55, 57, 61, 68. For possible inspiration, cf. Philothée O'Neddy, *Rhodomontade (Feu et Flamme)*:

> Aux mers de l'Orient, dans une île embaumée,
> Mes sylphes porteraient ma pâle bien-aimée
>   Et lui bâtiraient un séjour
> Bien plus miraculeux, bien autrement splendide
> Que celui qu'habitaient, dans la molle Atlantide,
>   Le roi de féerie et sa cour.

> Amour, enthousiasme, étude, poésie!
> C'est là qu'en votre extase, océan d'ambroisie,
>   Se noîraient nos âmes de feu!
> C'est là que je saurais, fort d'un génie étrange,
> Dans la création, d'un bonheur sans mélange,
>   Etre plus artiste que Dieu ! !

Var. 55 and 57. 10: l'azur des flots et des s. —

XIII. Bohémiens en Voyage (p. 14). In 52, 57, 61, 68. The Romantic sentimentality of the poem would suggest that it is an early composition.

Varr. 52. Title: La Caravane des Bohémiens — 9: son palais verdoyant, le — 10: En les voyant passer, — 12: c. les rochers et fleurit le — 13: A ces chers v. — *A copy of 57 has Var. C.B. for* 12: Tire l'eau des rochers et fleurit le —

XIV. L'Homme et la Mer (p. 15). First published in *Revue de Paris*, October 1852, then in 57, 61, 68. C.B. took up the theme again and enlarged on it in *Déjà* of *Les Petits Poèmes en Prose*.

Varr. 57. Title: L'Homme Libre et la Mer — 10: H., nul ne connaît le —

XV. Don Juan aux Enfers (p. 16). First published in *l'Artiste*, 6 September 1846, then in 57, 61, 68. According to Prarond it was composed before 1843. It has been suggested that the initial inspiration was the picture painted by Delacroix in 1841, *La Barque de Don Juan*. C.B. always expressed great interest in Don Juan and at one time conceived the plan of writing a play under the title *La Fin de Don Juan*.

Varr. from 1846 version. Title: L'Impénitent par Charles Baudelaire-Dufaÿs — 2: à Caron — 6: Des vierges se — 7: un long t. — 8: t. un grand m. — 13: Tristement sous —
Var. 57 (misprint). 11: m. errants sur le rivage —

XVI. Châtiment de l'Orgueil (p. 17). First published in *Le Magasin des Familles*, June 1850, then in 57, 61, 68.

Varr. from 1850 version. 1: Dans ces t. — 4: a. touché les — 6: Et même découvert vers — 11: t'ai porté b. (*this is also in* 57) — 14: qu'un objet d. — 26: Il était des —

XVII. La Beauté (p. 18). In 57F, 57, 61, 68. Flaubert greatly admired this poem. Cf. letter, 13 July 1857.

Varr. 57F, 57. 10: Qu'on dirait que j'emprunte — 13: font les étoiles plus —

XVIII. L'Idéal (p. 18). In 51, 57, 61, 68. In spite of what he says here of Gavarni, Baudelaire was eventually to give him high praise in his art criticism.

Varr. 51. 1: b. à v. — 5: G., le chantre des — 7: puis] peux — 10: C'est toi, L. — 13: Qui dors p. — 14: Et tes a. taillés aux —

XIX. La Géante (p. 19). In 57F (*April*), 57, 61, 68. According to Prarond this poem was written before 1843. It is probably this poem which gave rise to the legend that Baudelaire's lovers were giants and dwarfs. After the poet's death Ange-Bénigne (Mme. de Molènes) wrote in *Le Gaulois*, 30 September 1886 : 'Ses amours ont eu pour objet des femmes phénomènes. Il passait de la naine à la géante. Il avait perdu quelques géantes de la phtisie et deux naines de la gastrite.'

XX. Le Masque (p. 20). In 59C (*November*), 61, 68. The poem was inspired by a piece of sculpture by Christophe called first, *La Douleur* and finally, *La Comédie Humaine*. It was shown at the *Salon* of 1856 and is to-day in the Tuileries gardens. Baudelaire describes it in his *Salon de* 1859.

Varr. 59C. 7: d'un Mécène ou — 12: un ton v. — 20: non! C'était un m., un carton s. —
Var. 68. 9: fatuité —

XXI. Hymne à la Beauté (p. 21). In 60A, 61, 68. For possible inspiration, see *Delta* (*Feu et Flamme*) by Philothée O'Neddy:

> C'est qu'à la fois je tiens du démon et de l'ange;
> C'est que, par un caprice intraduisible, étrange,
> — Que tu concevras, toi,
> Mais qui susciterait des sots la pitié grave,—
> Mais je veux être à la fois ton maître et ton esclave,
> Ton vassal et ton roi.

Varr. 60A. 4: Et c'est pourquoi l'on peut te — 20: Semble un agonisant c. —

XXII. Parfum Exotique (p. 22). In 57, 61, 68. The first of the poems in the *Cycle de la Vénus Noire* (Jeanne Duval). Cf. for similar inspiration No. XXIII and *Un Hémisphère dans une Chevelure* of *Les Petits Poèmes en Prose*. Further poems inspired by Jeanne Duval: XXIII, XXIV, XXVI, XXVII, XXVIII, XXXI, XXXII, XXXIII, XXXIV, XXXVI, XXXVIII, XXXIX, LII, LVIII, LXIII, CXV, and from *Les Épaves*: IV, VI, XI, XII, and from *Nouvelles Fleurs du Mal*: III.

XXIII. La Chevelure (p. 23). In 59F, 61, 68. Belonging to the *Cycle de la Vénus Noire;* cf. notes to XXII. See striking similarities in two poems of Philothée O'Neddy from *Feu et Flamme*:

> *Succube.* Oh! comme j'aspirais les irritans parfums!
>   Et que j'étais heureux, lorsque, brusque et sauvage,
>   Le vent roulait sur mon visage
>   Les gerbes de ses cheveux bruns.

> and

> *Amour.* Que je boive à pleins bords l'oubli des mauvais jours!
>   Ma reine, dis-moi bien que tu seras toujours,
>   Dans les sables brûlans de ma vie agitée,
>   Mon ombreuse oasis et ma coupe enchantée!

Cf. last stanza of *La Chevelure* of Baudelaire:

> N'es-tu pas l'oasis où je rêve, et la gourde
> Où je hume à longs traits le vin du souvenir?

XXIV. Je t'adore à l'égal de la voûte nocturne (p. 24). In 57, 61, 68. A poem inspired by Jeanne Duval.

XXV. Tu mettrais l'univers dans ta ruelle (p. 25). In 57, 61, 68. A poem inspired by Jeanne Duval.

Var. 68. 6: Ou des ifs flamboyant d. —

XXVI. Sed non Satiata (p. 25). In 57, 61, 68. Said by Cousin (*Charles Baudelaire, Souvenirs et Correspondances,* 1872) to be a poem written in 1843 or 1844. It is a poem inspired by Jeanne Duval. The first two lines of stanza 2 have frequently been misunderstood. Many editors have altered *au nuits* to *aux nuits.* Baudelaire is not here comparing *l'elixir* of his mistress' mouth to *la nuit* but to *le nuits,* a famous burgundy. He was a connoisseur of burgundy. In the same line, readers have often puzzled over the meaning of *constance* in the masculine and have thought that it must be a mistake. *Le constance* is a wine from the Cape Province of South Africa. Baudelaire stopped at the Cape on his return journey from Mauritius in 1841, when his ship, *L'Alcide,* put in to lay in stores. The local wine must have made a deep impression on him since he links it with burgundy—his favourite wine—and opium—which he calls *les clefs du paradis*. Would the last line of the poem suggest that Jeanne Duval was a Lesbian and that it was from her that Baudelaire got the idea for his poems *Lesbos* and *Les Femmes Damnées?*

XXVII. AVEC SES VÊTEMENTS ONDOYANTS ET NACRÉS (p. 26). In 57F, 57, 61, 68. A poem inspired by Jeanne Duval.

Var. 57F. Title: Sonnet —

XXVIII. LE SERPENT QUI DANSE (p. 27). In 57, 61, 68. A poem inspired by Jeanne Duval.

Varr. 3: 68 Comme une étoile v. (*probably a misprint*) — 31: 57 Q. ta salive exquise monte —

XXIX UNE CHAROGNE (p. 28). In 57, 61, 68. According to Prarond, the poem was written before 1844. It is one of the poems most widely attacked on the grounds of its alleged brutal realism. Crépet saw a copy of the poem in Baudelaire's hand with this *Var.* for l. 44: *Vivre p. les monuments.* (Conard, p. 422). This seems to me more conventional than the printed version.

XXX. DE PROFUNDIS CLAMAVI (p. 30). In 51, 55, 57, 61, 68. It is not known to whom the poem refers. It has generally been assumed, since it figures amongst the poems of the *Cycle de la Vénus Noire*, that it too was inspired by Jeanne Duval. Some readers, however, have claimed that Baudelaire, in his despair, was calling on God for help. The title in 51 wonld seem to support the first opinion. Cf. also notes on XXXI.

Var. 51. Title: La Béatrix —
Var. 55. Title: Le Spleen —
Varr. 51, 55. 1: Toi] toi — 5: six] trois — 6: six] trois — 11: i.] vieille —

XXXI. LE VAMPIRE (p. 31). In 55, 57, 61, 68. A poem inspired by Jeanne Duval.

Var. 55. Title: La Béatrix —
Var. 57. 3: Toi qui c. un hideux t. —
Var. 68. 2: es] est (*misprint*) —

XXXII. Une Nuit que j'étais près d'une affreuse Juive (p. 32). In 57, 61, 68. It is probably addressed to Jeanne Duval. Prarond says that it is one of the earliest poems, that the *Juive* is Sarah, nicknamed *La Louchette*, whom Baudelaire knew before Jeanne Duval and for whom he wrote earlier, Je n'ai pas pour maîtresse une lionne illustre (*Juvenilia* VI).

Varr. 57. 1: J.] juive — 8: s. odorant me (*proofs*) —

XXXIII. Remords Posthume (p. 32). In 55, 57, 61, 68. A poem inspired by Jeanne Duval.

Var. 55. 6 : un vivant n.—
Var. 68. 11: g.] longues —

XXXIV. Le Chat (p. 33). In 57, 61, 68. A poem inspired by Jeanne Duval.

XXXV. Duellum (p. 34). First published in *L'Artiste*, 19 September 1858, then in 61, 68.   A poem inspired by Jeanne Duval.

Var. from L'Artiste. 10: Les héros —

XXXVI. Le Balcon (p. 34). In 57, 61, 68. A poem inspired by Jeanne Duval. It has been set to music by Debussy.

XXXVII. Le Possédé (p. 36). In 59F, 61, 68. Baudelaire sent it first to Poulet-Malassis to publish in his local paper, *Journal d'Alençon*. The latter refused it because he imagined that he saw an obscene meaning in line 8. Baudelaire answered as follows (11 November 1858): 'Mon cher ami, j'ai reçu vos remerciements et ils m'ont étonné. Je voulais absolument vous être agréable en vous envoyant un morceau inédit que je pouvais ajouter simplement aux pièces que j'accumule pour un journal quelconque, et je ne croyais pas que ce misérable sonnet pût ajouter quelque chose à toutes les humiliations que *Les Fleurs du Mal* vous ont fait subir. Je voulais vous être agréable, rien de plus, et je ne peux pas comprendre en quoi j'ai mérité tant d'injures, à ce point que vous me compariez au Béranger secret, comme a fait Veuillot. [Il est possible, après tout, que la

tournure subtile de votre esprit vous ait fait prendre
Belzébuth pour le . . . et le poignard charmant pour la . . .
Quand j'ai fait cette découverte j'ai bien ri.]' The passage
between brackets does not occur in the letters of Baude-
laire (*Mercure de France*) but is given in Conard, p. 426.
In 59F a note on the final line refers readers to *Le Diable
Amoureux* of Cazotte; Baudelaire's line is a quotation from
Chapter XVII. The 1858 version sent to Poulet-Malassis
has been printed in facsimile in *La Plume*, 1 July 1898.

Varr. from La Plume. 2: O Soleil de mon âme, e. — 6: sort d'une
p. —
Varr. 59F. 6: la] sa — 10: le regard — 13: en mon être t. —

XXXVIII. Un Fantôme (p. 36). In 60A, 61, 68. Pro-
bably inspired by Jeanne Duval, who in 1860 was only the
ghost of what she had been, since she was old, diseased and
infirm.

Varr. 60A. i, 11: r.] légère — iv, 7: a.] horrible —
Varr. 68. i, 14: Elle, sombre et — iii, 11 – 13: Dans les baisers du
satin et du linge Son beau corps nu, plein de frissonnements, Et lente
ou brusque en tous ses mouvements, —

XXXIX. Je te donne ces vers (p. 39). In 57F, 57, 61,
68. A poem inspired by Jeanne Duval.

Var. 57F. Title: Sonnet.
Varr. 57F, 57. Lines 3 and 4 are transposed; 3: Fait travailler un —
4: Et navire poussé par —

XL. Semper Eadem (p. 40). In 60C, 61, 68. This is the
first poem of the *Cycle de la Vénus Blanche* (Mme. Saba-
tier). When Baudelaire, in August 1857, sent her a copy of
Les Fleurs du Mal, he enclosed a letter in which he said:
'Tous les vers compris entre la page 84 et la page 105 vous
appartiennent.' These poems are XL–XLVIII of the
present edition and V of *Les Épaves* (Pièce condamnée). To
these should be added two poems not in the first edition:
X of *Les Épaves* and the present poem.

XLI. Tout Entière (p. 40). In 57F, 57, 61, 68. It was
attacked for obscenity during the trial but escaped con-
demnation. A poem inspired by Mme. Sabatier.

Varr. 3: *57F* Et, visant à, *57* Et, tâchant de (*proofs*) —
In the margin Baudelaire had written: 'Je trouverais *tâchant d* plus joli; mais est-ce une grosse faute?' (*He adopted it for 57 and for 61.*)
Var. 57. 4: M'a dit —

XLII. QUE DIRAS-TU CE SOIR, PAUVRE ÂME SOLITAIRE (p. 41). First published, quoted by Charles Barbara in *L'Assassinat du Pont-Rouge,* in 1855. Then in 57, 61, 68. It is a poem inspired by Mme. Sabatier, to whom C.B. sent it in a letter, 16 February 1854. In inspiration it is very similar to *Hymne* (*Les Épaves,* X.). This may be the reason why C.B. did not include the latter in his *Fleurs du Mal.* Philothée O'Neddy, in *Amour* (*Feu et Flamme*), had used many of the expressions which C.B. addresses to Mme. Sabatier.

> Puis-je assez te chérir, mon ange, mon idole!

and again

> Mets tes yeux sur mes yeux. Donne à ma lèvre, donne
> Ta lèvre séraphique, ô ma blanche madone! —

Varr. from Sabatier and Barbara versions. All the epithets A la Très-Belle, *etc., are spelt with capital letters* — 11: f. en dansant marche c. —

XLIII. LE FLAMBEAU VIVANT (p. 42). In 57F, 57, 61, 68. C.B. sent the poem to Mme. Sabatier in a letter dated 7 February 1854. Lines 7 and 14 are a free translation of the following lines from *To Helen* by Edgar Allan Poe:

> They are my ministers—yet I their slave . . .
> Venuses, unextinguished by the sun !

Varr. from Sabatier version and 57. 4: Suspendant mon regard à leurs — 14: dont le s. —

XLIV. RÉVERSIBILITÉ (p. 43). In 55, 57, 61, 68. The poem was sent, without a title, to Mme. Sabatier, 3 May 1853. (Cf. *Le Livre Moderne,* article by M. Tourneux, November 1891), with the *dédicace A.A.* Mme. Sabatier's Christian names were *Aglaé-Apollonie.*

Varr. from Sabatier version. 13: e.] prisonniers — 17: le honteux t. —
Var. 68. 7: les] des (*misprint*) —

XLV. CONFESSION (p. 44). In 55, 57, 61, 68. Poem inspired by Mme. Sabatier, to whom C.B. sent it in a letter dated 9 May 1853.

Varr. 1: *Sabatier and* 55 et bonne f. — 30: *Sabatier,* 55, 57 Qu'il ressemble au t. b. — 37: *68* s. invoqué cette — 38 : *68* cette longueur — 39: *Sabatier* h.] étrange —

XLVI. L'Aube Spirituelle (p. 45). In 55, 57, 61, 68. A poem inspired by Mme. Sabatier, to whom C.B. sent it in February 1854 with the following words in English: 'After a night of pleasure and desolation, all my soul belongs to you.'

Varr. from Sabatier. 4: b.] bête — 8: c.D.] forme divine — 10: r. et p. — 11: A] Pour —
Var. 57. 12: n. les flammes des — 14: i.] éternel --

XLVII. Harmonie du Soir (p. 46). In 57F, 57, 61, 68. A poem inspired by Mme. Sabatier. It has been set to music by Debussy.

Var. 57F. 12: s'est] est (*This is obviously a misprint as in l.* 15 s'est noyé *appears*) —

XLVIII. Le Flacon (p. 47). In 57F, 57, 61, 68. A poem inspired by Mme. Sabatier.

Var. 57F. 17: b. du g. (*obviously a misprint*) —
Varr. 57F, 57. 3: Quelquefois en o. un coffre d'O. — 6: Sentant l'odeur d'un siècle, arachnéenne et n. — 7: On trouve un vieux flacon jauni qui — 16: g. où l'air est plein de parfums h. —
Var. 68. 3: de l orient —

XLIX. Le Poison (p. 48). In 57F, 57, 61, 68.

Var. 57F, 57. 7: Projette l'i. —

L. Ciel Brouillé (p. 49). In 57, 61, 68.

Var. 57. 3: t., doux et c. —

LI. Le Chat (p. 49). In 57, 61, 68.

Var. 57. i, 3: c. doux, fier et (*proofs*) — i, 7: t. suave et — i, 11: me pénètre c. — ii, 2: s. au p. (*misprint*)

LII. Le Beau Navire (p. 51). In 57, 61, 68. A poem probably inspired by Jeanne Duval.

Varr. 57 (*proofs*). 1: r. pour que tu les connaisse (*sic*) — 18: g. calme et dure est — 20: C. des b. — *In the margin opposite* 33 *C.B. has scribbled* Joueraient, joûraient?

LIII. L'Invitation au Voyage (p. 53). In 55, 57, 61, 68. Cf. the poem with the same name in *Les Petits Poèmes*

en Prose. In *Le Carnet Inédit* of C.B., published in 1920 (Edition de la Sirène), we read several times the mysterious entry: 'Ecrire à ma sœur. Voir ma sœur.' Cf. line 1 of the poem.

LIV. L'IRRÉPARABLE (p. 54). In 55, 57, 61, 68. A poem inspired by Marie Brunaud, who acted under the name Marie Daubrun. She acted the chief part in *La belle aux Cheveux d'Or* at the theatre of *La Porte-Saint-Martin.* We find her initials at the head of No. LVI. C.B. took a great interest in her and seems to have had great affection for her. It has been suggested that it is to her that he wrote the mysterious undated letter, addressed to Marie, which is so similar in tone to those he wrote to Mme. Sabatier; cf. *Lettres* (M. de F. 1907), pp. 41–45. Cf. similarities in *Nécropolis (Feu et Flamme)* by Philothée O'Neddy:

> Plus de rages d'amour! le cœur stagnant et morne,
> Ne se sent plus broyé sous la dent du remords.

Varr. Title: 55 A la Belle aux cheveux d'or — 5: 55 é. l'impeccable r. *(misprint?)* — 16: 55, 57 que déjà le loup f. — 27: 57 s. et m. *(proofs)* — 37: 55, 57 âme, — honteux m. —

LV. CAUSERIE (p. 56). In 57, 61, 68. Probably inspired by Marie Daubrun.

Var. 57. 8: les b.] des monstres —

LVI. CHANT D'AUTOMNE (p. 57). In 59C, 61, 68. Inscribed to "M.D" in 59C. Cf. note to LIV.

Var. 59C. ii, 3: Et r. même l amour, la chambre étroite et l'âtre — 4: Ne v. l'ardent —

LVII. A UNE MADONE (p. 58). First published in *La Causerie,* 22 January 1860, then in 61, 68. C.B. first sent it to the *Revue Contemporaine,* but the editor refused it on the ground that it might shock his readers. (Cf. C.B. letter to Poulet-Malassis, 15 December 1859). The poem may have been inspired by an episode from *The Monk* by Lewis, a book which the poet frequently read. The poem was probably written for Marie Daubrun.

Varr. from La Causerie. 12: b. raide et — 24: M.] Tabouret —

LVIII. Chanson d'Après-Midi (p. 59). In 60A, 61, 68. The poem was probably inspired by Jeanne Duval.

Var. 60A. 6: Et t. p. —

LIX. Sisina (p. 61). In 59F, 61, 68. Poem written for Sisina Nieri, a friend of Mme. Sabatier, who, under the Second Empire, had a reputation for beauty, luxury and elegance.

Varr. from a copy of the poem belonging to Nadar (cf. Conard, p. 437). *Title:* Zizina *(crossed out)* — 2 : Traversant les — 7 : L'œil et la joue en feu — 11: Son orgueil a. — 13: c., délicat et fier, garde t. —

LX. Franciscæ Meæ Laudes (p. 62). Cf. note to *Les Épaves* XIII. Unpublished letters of Asselineau and Poulet-Malassis (Cf. Conard, p. 486) state that Baudelaire did not intend to publish this poem in the definitive edition of his *Fleurs du Mal.* In a foot-note in *Les Épaves* he stated, incorrectly, that it had been 'supprimé' in the 1861 edition of *Les Fleurs du Mal.*

LXI. A une Dame Créole (p. 63). First published in *l'Artiste,* 25 May 1845, then in 57, 61, 68. The poem was written in 1841, when C.B. was 20. It was inspired by Mme. Autard de Bragard, with whom he had stayed during his visit to Mauritius. He sent the poem to her in a letter dated 20 October 1841. This version was published in *La Plume,* 1–15 August 1893.

Varr. from de Bragard version. 2: J'ai vu dans un retrait de tamarins ambrés — 12: des mousseuses r. — 14: g. y.] regards; vos] des — *Varr. from l'Artiste. Title :* A une Créole. *Signature :* Baudelaire-Dufaÿs — 2: J'ai vu sous un grand dais de tamarins ambrés — 3: p. où p. — 11: les] nos — 12: o.] profondes — 14: vos beaux y. r. p. rampants que vos Noirs — *Var. 57.* 2: t.e.] verts et dorés — *Var. 68.* 6: cou] col —

LXII. Mœsta et Errabunda (p. 64). In 55, 57, 61, 68. It is not known who *Agathe* was, but on a page of *Carnet de Charles Baudelaire* (Chevrel, 1911) the name is written above the following rough notes: 'Coiffure à l'enfant . . . Maquillage. . . . Du rouge, du blanc, des mouches . . . boucles d'oreilles, colliers, bracelets, bagues. . . . Bas

de soie très fine . . . jarretières galantes . . . parfu-
merie générale. . . . Une sortie de bal à capuchon, si
nous sortons. . . .'

Varr. 55. 7: r.] rude — 23: Les v. mourant d. — 24: les pots de —
Var. 57. 23: Les v. mourant d. —
Var. 68. 27: et] ou —

LXIII. LE REVENANT (p. 65.) In 57, 61, 68. Probably
written for Jeanne Duval.

LXIV. SONNET D'AUTOMNE (p. 65). In 59C, 61, 68. We
have no indication who Marguerite was. The general
description might suggest that she was Marie Daubrun,
who played the part of *Margue* in *Le Sanglier des Ardennes*,
in 1854, at the Théâtre de la Gaîté.

Varr. 59C. 10: T., e.] Embusqué, ténébreux — 13: s. hivernal —
14: f.] pâle —

LXV. TRISTESSES DE LA LUNE (p. 66). In 57, 61, 68.
Written previous to 1850 (Cf. letter from C.B. to Ancelle,
10 January 1850). Both Flaubert and Sainte-Beuve
greatly admired this poem.

Var. 68. Title: Tristesse de la Lune.

LXVI. LES CHATS (p. 67). First published in *Le Corsaire
Satan*, 14 November 1847, then in 51, 57, 61, 68.

Var. Corsaire, 51. 7: pour des c. —

LXVII. LES HIBOUX (p. 67). In 51, 57, 61, 62, 68.

Varr. 51. 3: Comme des idoles de jais — 13: P. souvent le —

LXVIII. LA PIPE (p. 68). In 57, 61, 68.

LXIX. LA MUSIQUE (p. 68). In 57, 61, 68. In a list of
poems on a page of 52 the name *Beethoven* appears as a
title for a poem. This may be an earlier title for the present
poem.

Varr. 57. 1: m. parfois me — 3: un pur é. — 5: et gonflant mes
poumons — 6–8: De toile pesante, Je monte et je descends sur le dos
des grands monts D'eau retentissante; — 12: Sur le sombre g. — 13: b.,
et parfois le calme, — g. m. —

LXX. SÉPULTURE (p. 69). In 57, 61, 68. Entitled *Sépulcre*
in 57 (*proofs*), *Sépulture d'un Poëte maudit* in 68. It is not

known whether this latter title is C.B.'s choice. Prince Ourousof, in *Le Tombeau de Charles Baudelaire* (1896), suggests that the sonnet was addressed to a woman and that thus the 68 title was inappropriate.

LXXI. Une Gravure Fantastique (p. 70). In 57P, 61, 68.

Varr. 57P. Title: Une Gravure de Mortimer — 4: s.] ni — 7: ils galopent t. — 10: noms — 12: Un triste c. à l'immense h. — 13: Où grouillent, aux clartés d'un s. froid et t. —

LXXII. Le Mort Joyeux (p. 70). In 51, 57, 61, 68.

Varr. 51. Title : Spleen — 6: que d'accepter une — 13: t.] morsure —

LXXIII. Le Tonneau de la Haine (p. 71). In 51, 55, 57, 61, 68.

Var. 51. 9: t.] caverne (*misprint*) —
Varr. 51, 55, 57. 7 : s. allonger ses — 8 : les ressaigner galvaniser l. —
Var. 68. 8: les ressaigner ressusciter l. —

LXXIV. La Cloche Fêlée (p. 72). In 51, 55, 57, 61, 68.

Varr. 51. Title: Le Spleen — 2: De sentir près — 8: la] sa — 12: Ressemble aux hurlements d'un —
Varr. 55. Title: La Cloche — 12: Ressemble aux râlemens d'un —
Var. 51, 55. 13: Auprès d'un —

LXXV. Spleen (p. 72). In 51, 57, 61, 68.

Varr. 51. Title: Le Spleen — 5: Mon Chien sur — 7: L'ombre d'un.
Var. 68. 1: v.] vie —

LXXVI. Spleen (p. 73). In 57, 61, 68.

Varr. 57. 14: Hument le vieux parfum d'un — 16: sous le premier poids des (*proofs*) — 17: f.] fils (*proofs*) — 22: du m. curieux —

LXXVII. Spleen (p. 74). In 57, 61, 68.

Var. 57. 17: n'a pas réchauffé ce —

LXXVIII. Spleen (p. 74). In 57, 61, 68.

Varr. 57. 4: nous fait un — 11: m. d'horribles a. — 14: Et poussent v. le c. un long gémissement (*proofs*) — 17: Et d'anciens c.; *but in proofs* Et de grands c. — 18: âme; et l'E.; *but in proofs* Passent en foule au fond de mon âme; et l'E. — 19: Pleurant comme un vaincu, l'Angoisse d.; *but in proofs* Fuyant vers d'autres cieux, l'Angoisse d. —

LXXIX. Obsession (p. 75). In 60C, 61, 68. In 60C a note explained that line 8 was borrowed from Aeschylus' *Prometheus*:

Ποντίων τε κυμάτων ἀνήριθμον γέλασμα.

LXXX. LE GOÛT DU NÉANT (p. 76). In 59F, 61, 68. The poem expresses C.B.'s awareness of his growing ill-health. A few months later, writing to his mother (28 December 1859), he said: 'Si j'allais devenir infirme, ou sentir mon cerveau dépérir avant d'avoir fait tout ce qu'il me semble que je dois faire!'

Varr. 59C. 2: a.] avivait — 11: Le Temps descend sur moi m. — 12: n. sur un—

LXXXI. ALCHIMIE DE LA DOULEUR (p. 76). In 60A, 61, 68. It has been suggested that C.B. was imitating Hugo in the first stanza.

LXXXII. HORREUR SYMPATHIQUE (p. 77). In 60A, 61, 68.

LXXXIII. L'HÉAUTONTIMOROUMÉNOS (p. 78). First published in *L'Artiste*, 10 May 1857, then in 57, 61, 68. We do not know who J.G.F. was, to whom the poem was inscribed. Her initials do not appear in 57. It is to her also that *Les Paradis Artificiels* was inscribed. It is probably from the following lines from *Les Soirées de Saint Péters-bourg* of Joseph de Maistre—a book which C.B. greatly admired—that the poet drew his inspiration: 'En vertu des lois seules que Dieu a portées avec tant de sagesse, tout méchant est un *héautontimorouménos*.' Cf. in connection with ll. 27 and 28, C.B.'s translation, in *La Chute de la Maison d'Usher* (*Nouvelles Histoires Extraordinaires*), of two lines from *The Haunted Palace* of Poe:

> A hideous throng rush out forever
> And laugh,—but smile no more.

which C.B. renders as follows :

> Une hideuse multitude se rue éternellement
> Qui va éclatant de rire, — ne pouvant plus sourire.

Cf. also *Nécropolis* (*Feu et Flamme*) by Philothée O'Neddy:

> Va, que la mort soit ton refuge!
> A l'exemple du Rédempteur,
> Ose à la fois être le juge,
> La victime et l'exécuteur.

LXXXIV. L'Irrémédiable (p. 79). First published in *l'Artiste*, 10 May 1857, then in 57, 61, 68. Cf. *Névralgie* (*Feu et Flamme*) by Philothée O'Neddy:

> Le terrible jamais vibre comme un tocsin.

LXXXV. L'Horloge (p. 81). In 60A, 61, 68. A correspondent to *L'Intermédiaire des Chercheurs et des Curieux*, 30 September 1908, stated that C.B. had removed the hands from his clock and had written on its face: 'It is later than you think!' In 60A, owing to a miscount of the number of seconds in an hour, line 9 reads: *Trois cent soixante fois.*

TABLEAUX PARISIENS

LXXXVI. Paysage (p. 82). In 57P, 61, 68.

Varr. 57P. Title: Paysage Parisien — 4: Leurs chants mélodieux e. — 8: Les grands ciels bleus qui — 9: C'est plaisir, à — 21–26 : Et l'émeute aura beau tempêter à ma v., Je ne lèverai pas le f. de mon p.; Et ne bougerai plus de l'antique fauteuil, Où je veux composer pour un jeune cerceuil. Il faut charmer nos morts dans leur noires retraites De doux vers tout fumants comme des cassolettes. —

LXXXVII. Le Soleil (p. 83). In 57, 61, 68.

Varr. 57 (proofs). 1: Au fond des carrefours, où — 10: Anime dans —

LXXXVIII. A une Mendiante Rousse (p. 84). In 52, 57, 61, 68. According to Cousin (*op. cit.*), the poem was already composed in 1842, and Baudelaire was much pleased with it. Yet we find written, in C.B.'s hand, in 52 'La Robe Trouée (mauvais)'. The subject of the poem was a little guitar-player in whom many painters and poets of the day showed particular interest. Deroy had painted her portrait and Banville had written of her in *Stalactites*, as well as in his *Souvenirs*: 'Une enfant, une fillette aux grands yeux, aux traits raffinés, charmante et délicate, rose, avec une chair nacrée et des lèvres rouges comme une grenade, couronnée d'une longue chevelure fauve, emmêlée et crespelée, tombant sur ses épaules.' There exists a second manuscript copy, of unknown date, published in *Mercure de France*, 1 November 1911.

Varr. Title: 52 La Robe trouée de la M.R. — 1: *MdeF, 52, 57* Ma blanchette aux — 2: *52* par des t. — 10: *MdeF, 52, 57* Qu'une pipeuse d'amant — 11: *MdeF, 52, 57* Ses brodequins de — 23: *MdeF* Ton tétin blanc comme lait, *52, 57* Ton sein plus blanc que lait — 24: *52, 57* Tout nouvelet — 26 p.] *52* piller — 27: *MdeF, 52* coups lutins — 28: *MdeF, 52* d. mutins — 29: *MdeF. 52* Écrins de la — 35: *MdeF, 52, 57* Et reluquant ton — 37: *MdeF, 52* Pages flaireurs de hazards; *57* é.]ami — 38: *MdeF, 52* Et grands seigneurs et Ronsards — 39: *MdeF* Assiégeraient au d. — 46: *MdeF* v. dîner g., *52* v. marceau g. — 50: *MdeF, 52* De vieux bonnets de six sous, *57 (proofs)* Des brimborions de vingt s. — 52: *MdeF,* T'en f.— *In margin of proofs 57,* C.B.: Hasard, hazard? lys, lis? question grave —

LXXXIX. LE CYGNE (p. 86). First published in *La Causerie*, 22 January, 1860, then in 61, 68. In *La Causerie* the following line from the *Aeneid* (Book III, line 302). *Falsi Simœntis ad undam,* appear under the title.

Varr. Causerie. 4: Le Simoïs — 6: t. ce vaste C. — 16: un sale o. — 23: q. pleuveras-tu *(probably a misprint)* —
Var. 68. 15: Clairs et froids, le —

XC. LES SEPT VIEILLARDS (p. 88). In 59C, in *L'Artiste*, 15 January 1861, in 61, 68. *L'Art à Paris en 1867* gives, in facsimile, a manuscript copy in C.B.'s hand of the last two stanzas (cf. Conard, p. 453). There were other versions which have not been found, but which are described in Noel Charavay's catalogue of autographs (cf. Conard, p. 453).

Varr. 59C. 10: raidissant — 19: raide —
Var. L'Artiste. 49: voulut —
Varr. L'Art à Paris. 49: Bien en vain ma r. réclamait son — 50: Le délire, en j. — 51: d. comme un navire — 52: m. noire, énorme et —
Varr. of a revised version in L'Art à Paris. 49: Bien en vain ma — 51: d. pauvre gabare — 52: m. noire, énorme, et —

XCI. LES PETITES VIEILLES (p. 90). In 59C, 61, 62, 68. Baudelaire in a letter to Poulet-Malassis, 1 October 1859, said that he had been here trying to imitate Hugo, to whom he was going to dedicate the poem, as well as *Le Cygne*. It is in Hugo's reply that the famous sentence occurs, 'Vous dotez le ciel de l'art d'on ne sait quel rayon macabre. Vous créez un frisson nouveau.' The same theme is treated in *Les Veuves (Les Petits Poèmes en Prose).*

Varr. 59C. i, 29–32 *omitted.* iii, 5: c. sonnant le c. — iv, 12: l'Éternité — iv, 22: c. jour un —

Varr. 62 (proofs) i, 7: t. aimez-les! — i, 11: leurs flancs —

Varr. 62. i, 25: l. j'aperçois un — ii, 2: le] un — ii, 3: Défunt, seul, se souvient, c. é. — ii, 12: T. feraient un fleuve en rassemblant l. p. — iv, 15: Comme si j'étais, moi, v. —

Varr. 68. ii, 1: De l'ancien Frascati, V. — ii, 3: Défunt, seul, sait le nom; —

XCII. LES AVEUGLES (p. 93). In 60A, 61, 68. It has been suggested that the theme was inspired by a passage in one of the *Contes Posthumes* of Hoffmann (*La Fenêtre du Coin*), translated by Champfleury in 1856.

Varr. 60A. 11: c. et tu b. — 12: Cherchant la jouissance avec férocité — 13: Moi, je —

XCIII. A UNE PASSANTE (p. 94). In 60A, 61, 68. The initial inspiration is probably *Dina la belle Juive (Champavert)* by Pétrus Borel.

Varr. 60A. 6: b., tremblant c. — 10: f. souvenir et r. —

XCIV. LE SQUELETTE LABOUREUR (p. 95). First published in *La Causerie*, 22 January 1860, also in *Almanach Parisien* (1861), in 61 and in 68. There is a copy in Baudelaire's hand which he sent in a letter, 15 December 1859, to Poulet-Malassis and in which line 1 reads: *Dans les pages d'anatomie.*

XCV. LE CRÉPUSCULE DU SOIR (p. 96). First published in *La Semaine Théâtrale*, 1 February 1852, next in a volume called *Fontainebleau (Hachette* 1855). When sending it to the editor of the latter, Fernand Desnoyers, Baudelaire, in a letter, expressed his attitude towards nature, saying that he was 'incapable de m'attendrir sur les végétaux.' It is also in 52, 57, 61, 68.

Varr. Title: 52 Les deux crépuscules de la grande ville. Le Soir, *S.T.* Les deux crépuscules. I, *Font.* Les deux crépuscules. Le Soir. — 1: *Font.* V. venir le Soir, a., *S.T.* V. le Crépuscule, a. — 5: 52, *S.T.*, *Font.*, 57 *(proofs)* Oui, voilà bien le Soir, le Soir cher à celui — 14: 52 que fatigue le — 30: *S.T.* ce bouillonnement, 52, *Font.*, 57 *(proofs)* ce bourdonnement —

XCVI. LE JEU (p. 98). In 57, 61, 68.

Varr. 57. 2: Fronts poudrés, sourcils peints sur des regards d'acier, —
3: Qui s'en vont brimbalant à l. — 4: un cruel et blessant tic-tac de
balancier; — 21: d'e. le p. — 22: Qui court a. — 23: Et, soûlé de —

XCVII. DANSE MACABRE (p. 99). In 59C (15 March),
in *L'Almanach Parisien*(1860), then in *L'Artiste*, 1 Febru-
ary 1861, in 61, 68. The poem was inspired by a statue by
Ernest Christophe, to whom Baudelaire dedicated it,
though the dedication does not appear in *L'Almanach
Parisien* or in *L'Artiste*.

Varr. 59C. Title: Le Squelette. 1: Fier, a. — 7: un] son; que] qui —
16: Charme de ce n. — 18: ne connaissent pas — 20 Squelette qui
réponds à — 21: tr.] railler — 27: Et vas-tu d. — 43: ou] et — 45:
n., aux yeux pleins d'épouvantes (*proofs*) — 47: des pommades savantes
(*proofs*) — 52: pas] point—
Var. Almanach Parisien. 16: d'un] du — 57: sous ton s. —
Var. 68. Sous ton s.

XCVIII. L'AMOUR DU MENSONGE (p. 101). In 60C, 61,
68. A copy in Baudelaire's hand, dating from 1860,
offers some variants (cf. *N.R.F.* Vol. II, p. 327). In 60C
and in *N.R.F.* the following lines from Racine's *Athalie*
are printed at the head of the poem:

> Même elle avait encore cet éclat emprunté
> Dont elle eut soin de peindre et d'orner son visage
> Pour réparer des ans l'irréparable outrage.

Var. 60C. 5: c. sous le g. —
Varr. N.R.F. 10: s. divin, antique et — 11: Une] la — 12: Est,
comme son corps, mûr p. — 18: de secret p. —

XCIX. JE N'AI PAS OUBLIÉ, VOISINE DE LA VILLE (p. 102).
In 57, 61, 68. Prarond states that this poem was written
before 1844. It refers to the days when Baudelaire lived
as a child with his mother at Neuilly, after the death of his
father, and before the second marriage of his mother.

Varr. 57. 7: S. au fond du ciel, — en témoin c. (*proofs*) — 9: Et
versait ses grands r., *but* Et versait doucement ses grands r. (*proofs*) —

C. LA SERVANTE AU GRAND CŒUR (p. 102). In 57, 61, 68.
According to Prarond this poem was written before 1844.
Baudelaire cherished all his life a deep affection for his old
nurse Mariette. In *Mon Cœur mis à Nu* he writes: 'Faire
tous les matins ma prière à Dieu, à mon père, à Mariette et

à Poe comme intercesseurs.' And again further on: 'Prière. Je vous recommande les âmes de mon père et de Mariette.'

Varr. 57. 2: Dort-elle son — 3: Nous aurions déjà dû lui — 13: Et l'éternité fuit, s. — 16: f., elle venait s. —
Var. 68. 8: de d. —

CI. BRUMES ET PLUIES (p. 103). In 57, 61, 68.

Varr. 57. 1: O fruits d'a. (*proofs*) — 4: d'un brumeux t., *but* d'un vaste t. (*proofs*) —

CII. RÊVE PARISIEN (p. 104). In 60C, 61, 68. There is a copy in Baudelaire's hand which he sent to Poulet-Malassis in March 1860 (cf. *Conard*, p. 462).

Varr. 1860 MS. 1: t.] fastueux — 2 : Tel que mortel jamais n'en vit 3: De pareil, ce matin l'i. — (*Baudelaire seems to have had difficulty with these three lines, for in the margin he wrote* 'est-ce- bien français?', *and several attempts* 2 : Tel que jamais mortel ne vit, *and* Comme jamais homme n'en vit *and* Tel que jamais homme n'en vit — 3 : De pareil. — 'Et cependant il me semble qu'on pourrait dire: une chose telle que j'en ai jamais vue, sans ajouter de semblable.) — 9: p. ivre de mon — 23: de colossales n. —
Varr. 68. 2: Que j. œil m. ne vit — ii, 8: le] ce —

CIII. LE CRÉPUSCULE DU MATIN (p. 106). First published in *La Semaine Théâtrale* 1 February 1852, next in a volume called *Fontainebleau* (Hachette 1855). Also in 52, 57, 61, 68.

Varr. 12: *52* Des maisons — 17: *Font.* le f.] la faim — 21: *52, S.T., Font.* Un brouillard glacial b. —

LE VIN

CIV. L'ÂME DU VIN (p. 108). First published in *Le Magasin des Familles*, in June 1850, then in *La République du Peuple*, in 1852. In 57, 61, 68. The poem must have been composed before 1844, since Banville, in a poem dated 1844, *La Chanson du Vin* (*Les Stalactites*), prints as a sub-heading the first line from Baudelaire's poem. The line is not that of the first version but that of 57.

Varr. Title: MdF Le vin des honnêtes Gens — 1: *MdF. RdP* Le soir, l'â. — 2: *MdF, RdP* H., je pousserai vers toi, mon bien-aimé, — 9: *MdF* j. extrême q. — 10: *MdF* par les t.; *RdP* h. épuisé de t. — 11: *MdF, RdP* Et sa p. honnête est une chaude t. — 13: *RdP* tu resonner les — 17: *MdF*. *RdP* f. attendrie — 22–24: *MdF*, *RdP* Comme le grain fécond tombe dans le sillon, Et de notre union naîtra la p. Qui montera v. D. c. un grand papillon. —

CV. Le Vin des Chiffonniers (p. 109). In 52, 57, 61, 68. Prarond stated that the poem was written before 1844 and that the title was then *Le Vin du Chiffonnier*. The earliest known version is the manuscript one printed in *N.R.F.*, Vol. II, p. 301. As this version is very different from the others, it is reproduced here.

Au fond de ces quartiers sombres et tortueux
Où vivent par milliers des ménages frileux,
Parfois, à la clarté sombre des réverbères,
Que le vent de la nuit tourmente dans leurs verres,
On voit un chiffonnier qui revient de travers,
Se cognant, se heurtant, comme un faiseur de vers,
Et libre, sans souci de patrouilles funèbres,
Seul, épanche son âme au milieu des ténèbres.
Un régiment se meut à ses regards trompés,
Et lui, jette aux échos des mots entrecoupés,
Tels que ceux que, vaincu par la mort triomphante,
L'Empereur exhalait de sa gorge expirante.

Oui, ces gens tous voûtés sous le poids des débris
Et de fumiers infects que rejette Paris,
Harrassés et chargés de chagrins de ménage,
Moulus par le travail et tourmentés par l'âge,
Ont une heure nocturne où, pleins d'illusions,
Et l'esprit éclairé d'étranges visions,
Ils s'en vont, parfumés d'une odeur de futailles,
Commandant une armée et gagnant des batailles,
Et jurant qu'ils rendront toujours leur peuple heureux.
Mais nul n'a jamais vu les hauts faits glorieux,
Les triomphes bruyants, les fêtes solemnelles (sic)
Qui s'allument alors au fond de leur cervelles
Plus belles que les Rois n'en rêveront (rêvèrent?) jamais.
C'est ainsi que le vin règne par ses bienfaits,
Et chante ses exploits par le gosier de l'homme,
Grandeur de la bonté de Celui que tout nomme,
Qui nous avait déjà donné le doux sommeil,
Et voulut ajouter le Vin, fils du Soleil,
Pour réchauffer le cœur et calmer la souffrance
De tous ces malheureux qui meurent en silence.

Varr. 52. 1: c. sombre des réverbères — 2–4: Que le v. de la nuit t. dans leurs verres, Au fond de ces quartiers sombres et tortueux Où grouillent par milliers des ménages frileux, — 7: m. ténébreux — 8: Épanchant t. s. c. dans l'air silencieux. — 9–12 *not in* 52 — 15–16: Le

dos bas, et meurtri sous le poids des d., Et des fumiers infects que rejette
P. — 18-20: Commandant une armée et gagnant des b., Ils savent
qu'ils rendront toujours leur peuple heureux Et suivent à cheval leurs
destins glorieux. — 26: l'or comme un nouveau P. — 28-29: Et par
ses bienfaits règne ainsi que les bons Rois. Pour apaiser le cœur et
calmer la souffrance — 30: t. les innocents q. — 31: Dieu leur avait déjà
donné le doux s.; — 32: Il a. —

Varr. 57. 2: Que le vent de la nuit t. dans son v. — 7: s. prendre s.
des m. ténébreux (*proofs*) — 15: Le dos martyrisé sous de hideux d. —
16: Trouble vomissement du fastueux P. — 31: D. saisi de —

CVI. Le Vin de L'Assassin (p. 110). First published in
L'Écho des Marchands de Vin 1848, then in 57, 61, 68.
According to Prarond it was written before 1843. The
theme of the poem was taken from *Passereau L'Écolier*
(*Champavert*) by Pétrus Borel. In 1854 C.B. was thinking
of writing a play on the same subject. Cf. letter to the
actor J. H. Tisserand, 28 January 1854.

Varr. 57. 2: mon saoul. — 4: Ses pleurs me — 31: n. turpides —
Varr. 68 (*probably all misprints*). 8: L. je d. — 27: Je l'aimai t. —
48: w. enrayé p. —

CVII. Le Vin du Solitaire (p. 112). In 57, 61, 68.

Var. 57 (*proofs*). 4: veut tremper sa —

CVIII. Le Vin des Amants (p. 113). In 57, 61, 68.

Varr. 57 (*proofs*). 2: S. éperons, mors, selle ou b. — 6: L'irrésistible c. —
7: A travers le bleu du — 9: Nous laissant emporter sur —

FLEURS DU MAL

CIX. La Destruction (p. 114). In 55, 57, 61, 68.

Varr. 55. *Title*: La Volupté — 11: Des steppes de —

CX. Une Martyre (p. 114). In 57, 61, 68. The poem was
particularly admired by Swinburne. Cf. article in *Spectator*,
6 September 1862.

Varr. 57. 4: p. paresseux — 27: o. vigilant, f. — 28: Et d. — 35:
l'e. des m. — 39: t. pliante —

CXI. Femmes Damnées (p. 117). In 57, 61, 68.

Var. 57. 28: u. d'amours d. (*misprint?*) —

CXII. Les Deux Bonnes Sœurs (p. 118). In 57, 61, 68. The poem was probably written before 1843, since Levavasseur quotes a line from it in a poem which he published that year (cf. Mouquet, *Vers Retrouvés*, p. 12).

Var. 57, 2: b., robustes de—

CXIII. La Fontaine de Sang (p. 118). In 52, 57, 61, 68.

Varr. 52. 2: aux tranquilles s. — 4: Mais j'ai beau me tâter p. — 5: la c.] le marché — 9: v. généreux — 11: Mais le vin rend la vue et — 14: ces ignobles f. —

CXIV. Allégorie (p. 119). In 57, 61, 68. According to Prarond the poem was composed before 1843.

Varr. 57 (proofs). 3: Les flèches de — 7: ses tristes ébats *and* ses cruels ébats — 13: Ne croira-t-elle pas, c. *and* Elle seule, elle croit, c. —

CXV. La Béatrice (p. 120). In 55, 57, 61, 68. The poem was probably inspired by Jeanne Duval. It is similar in inspiration to XXXI. Cf. Notes to XXX and XXXI.

Varr. 57. 24: Recevrait sans bouger le choc de cent démons. — 25: D. froidement —

CXVI. Un Voyage a Cythère (p. 121). In 52, 55, 57, 61, 68. Baudelaire said that the poem was inspired by a passage from *Voyage à Cythère* by Gérard de Nerval. It has been suggested that *Cérigo* (another name for *Cythère*) by Hugo, was written in reply, the reply of an optimist to a pessimist. Hugo, who was a subscriber to the *Revue des Deux Mondes*, might well have read the poem there and have written his reply, which he published in *Les Contemplations* in 1856. Flaubert greatly admired this poem of Baudelaire.

Varr. Title: 52, 55 Voyage à Cythère — 1: 52 o. s'envolait t.; 55, 57 c. se blançait comme un ange j. — 4: 52 o. un oiseau qu'enivre un; d'un] 68 du — 6: 52 Me dit-on — 15: 52, 55 Où tous les cœurs mortels en — 16: 52, 55 Font l'effet de l'e. — 17: 52, 55 Ou du r. — 22: 52, 55 p. errant parmi les f. — 24: 52, 55, 57 r. à des b. légères — 30: 52 Dévoraient avec — 31: 52 Et chacun jusqu'aux yeux plantait son — 35: 52 L'organe de l'amour avait fait leur d. — 36: 52 Et les bourreaux l'avaient cruellement c. — 33-36 *not in* 55 — 43: 52 tes anciens c. — 45: 57 (*proofs*) Pauvre pendu muet, tes — 48: 52, 55 de mes d. — 58: 52 g. dégoutant où —

CXVII. L'Amour et le Crâne (p. 123). In 55, 57, 61, 68.

Varr. 55. Sub-title: D'après une vieille gravure — 9: g. miroitant et —

LA RÉVOLTE

This section had in 57 the following passage printed as a foreword, probably to answer beforehand any charge of blasphemy:

> Parmi les morceaux suivants, le plus caractérisé a déjà paru dans un des principaux recueils littéraires de Paris [the *Revue de Paris* which had printed *Le Reniement de Saint Pierre*] où il n'a été considéré, du moins par les gens d'esprit, que pour ce qu'il est véritablement: le pastiche des raisonnements de l'ignorance et de la fureur. Fidèle à son douloureux programme, l'auteur de *Fleurs du Mal* a dû, en parfait comédien, façonner son esprit à tous les sophismes comme à toutes les corruptions. Cette déclaration candide n'empêchera pas sans doute les critiques honnêtes de le ranger parmi les théologiens de la populace et de l'accuser d'avoir regretté pour notre Sauveur Jésus-Christ, pour la victime éternelle et volontaire, le rôle d'un conquérant, d'un Attila égalitaire et dévastateur. Plus d'un adressera sans doute au ciel les actions de grâce habituelles du Pharisien: 'Merci, mon Dieu, qui n'avez pas permis que je fusse semblable à ce poète infâme.'

When *Le Reniement de Saint Pierre* escaped condemnation at the trial of 1857, Baudelaire may have thought it unnecessary to reprint the foreword in the second edition of his poems in 1861.

CXVIII. Le Reniement de Saint Pierre (p. 125). First published in *Revue de Paris*, October 1852. In 52, 57, 61, 68. Du Camp said (*Souvenirs Littéraires*) that the poem was well known in literary circles in Paris by 1845. Baudelaire's mother did not wish to allow it to be reprinted in the 68 edition. In a letter to Asselineau (cf. Crépet *Charles Baudelaire*, pp. 268–271) she wrote 'Comme chrétienne je ne puis pas laisser imprimer cela. Si mon fils vivait, certes, il n'écrirait pas cela maintenant, ayant eu, depuis quelques années, des sympathies religieuses.' Asselineau insisted and finally got his way. In a letter to Poulet-Malassis he said: 'Ma lettre à Mme. Aupick a fait un terrible effet. Je lui avais dit que si elle entrait dans cette voie des suppressions, ni Banville ni moi, ni aucun des amis de son fils ne se mêlerait plus de rien. Elle m'a répondu par des soumissions effarées. J'ai, bien entendu, répliqué par des douceurs.'

Varr. 1: *RdP* de ces flots d'a. — 2: *RdP* qui montent t. — 3: *RdP* t. gonflé de, *52* t. goinfré de; *57* viandes — 4: *52* nos tristes b., *RdP* nos sombres b. — 8: *52* Les Dieux ne; *RdP*. *57*, *68* p. encor r. — 9: *RdP* O Jésus — 17: *RdP* ton cœur b. — 18: *RdP* d., quand ton — 20: *52* p. sur une — 22: *RdP* tu venais r. — 23: *52* f., trônant sur —

CXIX. Abel et Caïn (p. 126). In 57, 61, 68.

Varr. 57. 16: Grelotte c. (*proofs*) — 17: d'A., sans peur p. — 18: L'argent f. a ses p. — 19: C., ton cœur b. — 20: Éteins ces cruels a. —

CXX. Les Litanies de Satan (p. 128). In 57, 61, 68.

The poem may have been inspired by a passage from *Les Hallucinations* by Brierre de Boismont, published in 1845, which C.B. is known to have studied. Cf. Starkie *Baudelaire*, p. 95. Compare also the stanza from *L'Argentière* (*Champavert*) by Pétrus Borel:

> Haine à toi Dieu, monde nature,
> Haine à tout ce que je rêvais! . . .
> Mon âme expire et je la voue
> A Satan pour l'éternité.

Varr. 57. 8: Aimable médecin des — 10: Qui, même aux parias, ces animaux m. — 16: Toi qui peux octroyer ce — 22: les secrets a. — 28: qui frottes de baume et d'huile les — 34: qui mets ton paraphe, ô — 35: du banquier i. — 38: Un amour de la plaie, un culte des (*proofs*) — *The title* Prière *is not printed at the head of the last verse. Only a space separates it from the rest of the poem* — 47: Du C. spirituel, et — 48: où, fécond, tu couves le s. —

LA MORT

CXXI. La Mort des Amants (p. 131). In 51, 57, 61, 68.

The poem has been set to music by Debussy.

Varr. 51. 3: de grandes f. dans des jardinières. — 9: s. teint de — 10 un sanglot u. — 11: Et comme un éclair, t. — 12: Jusqu'à ce qu'un — 13: Vienne r. —
Varr. 57. 9: s. plein de — 12: Et bientôt un —

CXXII. La Mort des Pauvres (p. 131). In 52, 57, 61, 68.

For possible inspiration of lines 1, 7 and 11, see *La Comédie de la Mort* by Gautier.

> C'est la seule qui donne aux grands inconsolables
> Leur consolation . . .
> A tous les parias elle ouvre son auberge. . . .
> Elle prête des lits à ceux qui . . .
> N'ont jamais dormi

Varr. Title: 52 La Mort. 1: *52, 57* h. et] et la Mort — 3: *57* Qui, divin
é. — 6: *52* la lampe brillante à —

CXXIII. La mort des Artistes (p. 132). In 51, 57, 61, 68.

Var. 57. 3: but, mystique quadrature —*Var. 68.* 11: se] te (*misprint*)—
51 is so different that it is necessary to print it *in extenso*:

Il faut marcher longtemps et par monts et par vaux,
Broyer bien des cailloux et crever sa monture,
Pour trouver un asile où la bonne nature
Invite enfin le cœur à trouver du repos.

Il faut user son corps à d'étranges travaux,
Pétrir entre ses mains plus d'une fange impure,
Avant de rencontrer l'idéale figure
Dont le sombre désir nous remplit de sanglots.

Il en est qui jamais n'ont connu leur idole,
Et ces sculpteurs maudits et marqués d'un affront,
Qui vont se déchirant la poitrine et le front,

N'ont plus qu'un seul espoir qui souvent les console,
C'est que la mort, planant comme un soleil nouveau,
Fera s'épanouir les fleurs de leur cerveau.

CXXIV. La Fin de la Journée (p. 133). In 61, 68. A slightly different version was published in *Revue du XIXe Siècle*, 1 January 1867, in which ll. 1 and 3 are interchanged and l. 14 reads: *O rafraîchisseuses t.*

CXXV. Le Rêve d'un Curieux (p. 133). In 60C, 61, 68.
It is probable that the poem was written before 1843, since it seems to have been known at that date by a contemporary poet, Dozon (cf. Mouquet, *Vers Retrouvés*, p. 20). The poem is dedicated to F. N. Félix Nadar, a friend of Baudelaire's youth, a man of letters famous for his photography and for his balloon flights. There are two manuscript copies of 1860, one (MS 1) sent by Baudelaire to Poulet-Malassis (cf. *Conard*, p. 478), the other (MS 2) belonging to Armand Godoy (cf. *N.R.F.* II, 424). MS 2 seems to be a later copy since it is nearer to the final version than MS 1.

Varr. MS 1. 1: As-tu connu, dis-moi, la — 2: Et de toi dirait-on:
'Quel h. — 10: H.] Et qui hait —

Varr. MS 2: De toi dit-on souvent: 'Quel h. — 11, 12 *and* 13 *are crossed out and replaced by the final version.* 12 *has an alternative, crossed out*: la fameuse a. —

Varr. common to both MSS. 9: C. l'enfance, a. (*in MS 2* enfance *is crossed out and* enfant, *the reading of the final version, substituted*). — 11: Mais voilà qu'une idée étrange me glaça — 12: ô miracle, et — 13: Avait lui. — "Quoi! me dis-je alors, ce n'est que ça?" —

CXXVI. LE VOYAGE (p. 134). In 59F, 61, 68. Baudelaire offered this poem first to the *Revue Contemporaine*, but Calonne, the editor, refused it. Baudelaire had six copies of the poem printed privately, together with *L'Albatros*.

Varr. 59F. iii, 8: leur cadre—iv, 7: une envie i. —

LES ÉPAVES

I. LE COUCHER DU SOLEIL ROMANTIQUE (p. 141). In 62B, (12 January), then in *L'Almanach Parisien* for 1863, in 66, in *Mélanges tirés d'une petite bibliothèque romantique* (1867), and in 68.

Varr. 62B and *AP.* 3: Heureux encor celui qui —

PIÈCES CONDAMNÉES

II. LESBOS (p. 142). First published in *Les Poètes de l'Amour* (Lemer et Garnier 1850), then in 57, 64P, 66.

Varr. PdA. 4: g.] otieux—8: Et qui vont, s. — 34: v. tes vaisseaux (*misprint?*) — 39: de l'enfer et du ciel — 44 r. éclatants m. — 47: p.] fidèle — 56: qui fut amante et p. — 57: V. dans sa morne pâleur, — 58: Dont l'œil bleu ne vaut pas cet o. n. — 59: L'orbe mystérieux tr. — 60: S. qui fut amante et p. — 70 c.] Sapho — 72: Ecoute c. n. la plainte mugissante —
Varr. 57. 42: v. en fleur — 44: m. au sombre pleur — 70: c.] Sapho—

III. FEMMES DAMNÉES (p. 145). In 57, 64P, 66.

Varr. 41: 57 a., en relevant la t. — 51: 57, 64P dis: mon a. — 52: v.] 64P à — 78: 64P ne rassasira ce — 88: 57 Fouettés par — 94: 57 (*proofs*) m. dangereux — 95: 57, 64P Filent en —

IV. LE LÉTHÉ (p. 149). In 57, 64P, 66. A poem inspired by Jeanne Duval. Cf. *Amour (Feu et Flamme)* by Philothée O'Neddy for similarities:

Laisse, fée aux yeux noirs, laisse mon cœur jaloux,
Comme un serpent lascif, s'étendre à tes genoux!
Lorsque ta vénusté de son éclat m'obombre,
Dieu seul de mes bonheurs pourrait dire le nombre.
Laisse ma tête en feu se serrant contre toi,
Caresser follement ta robe; laisse-moi
Sous l'amour de tes yeux qui me trempent de flamme,
Respirer comme un vague et saisissant dictame,
Que je boive a pleins bords l'oubli des mauvais jours!
Ma reine, dis-moi bien que tu seras toujours,
Dans les sables brûlans de ma vie agitée,
Mon ombreuse oasis et ma coupe enchantée!

Var. 57, 64P. 10: s. douteux comme la —

V. A CELLE QUI EST TROP GAIE (p. 150). In 57, 64P, 66. A poem composed for Mme. Sabatier, to whom C.B. sent it in a letter dated 9 December 1852. The following variants are from this copy:

Varr. 1: g. et ton — 6: Est éclairé par — 18: mon agonie — 24: la nature — 27: les splendeurs de — 33: Et, délicieuse d. — 36: mon sang, δ ma —

VI. LES BIJOUX (p. 151). In 57, 64P, 66. A poem inspired by Jeanne Duval.

Varr. 57. 4: des Maures — 21: du Mal —
Varr. 57, 64P. 7: j'a. avec f. —

VII. LES MÉTAMORPHOSES DU VAMPIRE (p. 153). In 52, 57, 64P, 66. Rémy de Gourmont has suggested (*Promenades Littéraires*, Deuxième Série) that Baudelaire drew his inspiration from *Le Songe d'Athalie* of Racine. It is also possible that the poet found his theme in *Succube* (*Feu et Flamme*) by Philothée O'Neddy:

Et là, que ta beauté s'abandonne sans voile
A ma fougue d'adolescent.

Un fou rire la prit . . . rire désharmonique,
Digne de s'éployer au banquet satanique.
J'eus le frisson, mes dents jetèrent des strideurs. —
Puis, soudain, plus de fée à lubrique toilette!
Plus rien dans mes bras qu'un squelette
M'étalant toutes ses hideurs!

Varr. 52 Title: L'Outre de la Volupté — 3: Et faisant lutiner sa hanche avec son — 5: 'Oui, j'ai — 11: Et je suis tellement habile aux — 25: Gisaient c. — 26: le son d'une —
Varr. 57. 11: aux] en (*proofs*) — 12: bras veloutés —

GALANTERIES

VIII. LE JET D'EAU (p. 154). In 65P, 66, 66P, 68. The poem was composed before 1853 as it figures in a list of Baudelaire's poems of that date. It has been set to music by Debussy.

Varr. 65P. 11: Où la lune pâlie — 18: les firmaments e. (*in a note*) — 30: Qu'il est d. — 39: Où la lune bénie —
Var. 66P. 16: Le vif éclair des — The following refrain, which is the one chosen by Debussy for his song, was given as an alternative in the notes to *65P*:

> La gerbe d'eau qui berce
> Ses mille fleurs,
> Que la lune traverse
> De ses lueurs
> Tombe comme une averse
> De larges pleurs.

IX. LES YEUX DE BERTHE (p. 155). In 64N, 66, 66P, 68. A copy of the poem, dated Brussels 1864, in Baudelaire's hand, is accompanied by a drawing of a woman, also by the poet, under which he has written *Mon enfant*, heavily underlined. This MS has been reproduced in facsimile by Féli Gautier in *La Plume* of 1904. This MS has led critics to believe that this poem was in fact written in Belgium in 1864. The present editor however still believes that this is the poem mentioned by Prarond as having been written in 1842 or 1843 and called *Les Yeux de mon Enfant*. Cf. Starkie *Baudelaire*, p. 84.

X. HYMNE (p. 156). In 57P, 65P, 66, 66P, 68. It was composed before 1854, since C.B. sent it to Mme. Sabatier, for whom it was written, in an unsigned letter dated 8 May 1854. Cf. Note to XLII.

Varr. 4: *68* en Immortalité, *65P, 66, 66P* en immortalité — 9: *Sab.* Encensoir toujours plein qui — 15: *57P, 65P* qui gît i. — 18: *Sab.* Qui m'a versé joie et — 19: *Sab.* Salut en la vie éternelle — 20: *Sab.* En l'éternelle volupté —

XI. PROMESSES D'UN VISAGE (p. 157). In 64P, 66. It is probably inspired by Jeanne Duval and would make a powerful addition to the *Cycle de la Vénus Noire*. The editors did not include it in the 68 edition, when they were

printing all his poems—except the *Pièces Condamnées*—
probably because they feared that the censors might take
exception to its extreme realism. Cf. for similar inspiration
Le Cheval de Race in *Les Petits Poèmes en Prose*; also the
letter quoted by Starkie *Baudelaire*, p. 170.

XII. LE MONSTRE (p. 158). In 66. There is a MS copy
which has been published in facsimile in a special number of
Le Manuscrit Autographe (1927). A note in Baudelaire's
hand on the proofs of *Les Épaves* asks Poulet-Malassis to
find out exactly what *le giraumont* is and the gender of the
word *clavicule* when used in connection with the magic of
Solomon.

Varr. from MS. i, 2: que Parny n. — i, 18: t. je ne sais quels p.
(*This is a vers faux*) — i, 22: De la bosse et — i, 29: s. en arrière — i,
44: Sauter les — i, 46: Ta peau velue a — ii, 16: Je suis très d.

XIII. FRANCISCÆ MEÆ LAUDES (p. 161). First published
in *L'Artiste* 18 May 1857. In 57, 61, 66, 68. Cf. note to
LX.

Var. 57. The sub-title was omitted.
Var. 61. 5: O femina d. —

ÉPIGRAPHES

XIV. VERS POUR LE PORTRAIT DE M. HONORÉ DAUMIER
(p. 163). First published in *Histoire de la Caricature* by
Champfleury (2nd ed. 1865). In 66, 68. A letter from
Baudelaire to Champfleury has the following *Varr.*
(Cf. Conard, p. 488) 11: *S. le fouet d'A.* — 12: *les déchire
et qui* —.

Varr. HdC. Title: Vers pour le Portrait d'Honoré Daumier. — 11: t.
d'une A. — 14: la monstrueuse c. —

XV. LOLA DE VALENCE (p. 164). In 66, 68. Lola de Valence
was a Spanish ballet dancer who visited Paris with a com-
pany of Spanish singers and dancers. Manet's picture of
her was painted in 1862. In 68 the sub-title, *Inscription
pour le tableau d'Édouard Manet*, was substituted for the
note which figures in *Les Épaves*.

XVI. Sur le Tasse en Prison (p. 164). In 64N, 66, 68.
In 66 the poem is dated 1842, but this must be a mistake,
a mistake seemingly on Baudelaire's part, for in the proofs
it is dated 1842, in Baudelaire's hand. It is very likely that
C.B.'s memory played him false. Another MS is extant,
dated February 1844. (Cf. Conard, p. 490). This is
probably an early version, perhaps the original one, as it
is very different from the final version. According to the
bibliography of La Fizelière and Decaux the poem should
correctly be dated 1844: 'Charles Baudelaire ayant vu le
tableau de Delacroix exposé dans les Galeries des Beaux
Arts au Bazar Bonne-Nouvelle, fit ce sonnet pour le
Bulletin de l'Ami des Arts, qui cessa de paraître avant de
l'avoir inséré.'

Varr. of 1844 *version.* 1: c., mal vêtu, mal chaussé, — 2: Déchirant
sous ses pieds un m. usé — 3: la démence e. — 8: Et la longue épou-
vante, a. — 9: Ce triste prisonnier, bilieux et m. — 10: Qui se penche à
la voix des songes, dont l'e. — 12: Ce rude travailleur, qui toujours
lutte et veille, — 13: Est l'e. d'une âme et des rêves futurs, — 14: le
possible enferme entre —
Var. 64N. 4: L'e. du v. —

PIÈCES DIVERSES

XVII. La Voix (p. 165). First published in *Revue Contem-
poraine*, 28 February 1861, then in *L'Artiste*, 1 March
1862, in 66, 66P, 68. Cf. for the same subject, *Mon
Cœur mis à nu*: 'Tout enfant, j'ai senti dans mon cœur
deux sentiments contradictoires, l'horreur de la vie et
l'extase de la vie.'

Varr. 14: *RC* A cette belle voix, je dis: Oui, c'est d'a.; *l'A.* Tout
de suite et toujours! criai-je, c'est d'a. — 18: *66P* des monstres s. —

XVIII. L'Imprévu (p. 166). First published in *Le Boule-
vard*, 25 January 1863, then in 66, and 68. In *Le Boule-
vard* it was dedicated to Barbey d'Aurevilly. In 1857, in
his article on *Les Fleurs du Mal*, the latter had said:
'Après *Les Fleurs du Mal*, il n'y a plus que deux partis à
prendre pour le poète qui les fit éclore: ou se brûler la
cervelle . . . ou se faire chrétien.' Perhaps this is Baude-

laire's answer (cf. C.B.'s note at the foot of the poem). Cf. the 17th stanza of *Bénédiction* for the same idea as is contained in the 12th stanza of the present poem.

Varr. B. 2: Dit, en étudiant ses l. — 9: Le g. — 13: Je connais, mieux que tous, c. v. — 14: b. jour et nuit, et — 28: et grand c. — 30: qu'avec moi on — 39: Vers un — 45: dit: 'Béni —

XIX. La Rançon (p. 168). In 52, 57P, 65P, 66, 66P, 68. 52 has an extra stanza *in fine*:

> Mais pour que rien ne soit jeté
> Qui serve à payer l'esclavage,
> Elles grossiront l'apanage
> De la commune liberté.

In the margin C.B. wrote 'Socialisme mitigé.'

XX. A une Malabaraise (p. 169). First published in *L'Artiste*, 13 December 1846, then in 57P, 65P, 66, 66P, 68. 66 gives the date as 1840, but this cannot be correct—the fault may be due to faulty memory on Baudelaire's part—for it cannot have been composed before the year 1841–1842, the year of his journey to Mauritius.

Varr. L'A. Title: A une Indienne, Pierre de Fayis — 2: plus fière b. — 4: yeux indiens s. — 5: Aux climats c. — 8: Ét de c. du — 12: de doux airs — 23: Que tu regretterais tes — 24: b. martyrisant tes — 27: L'o. errant et — 28: c. natifs les — *There is also an extra stanza*:

> Amour de l'inconnu, jus de l'antique pomme,
> Vieille perdition de la femme et de l'homme,
> O curiosité, toujours tu leur feras
> Déserter, comme font les oiseaux, ces ingrats,
> Pour un lointain mirage et des cieux moins prospères,
> Le toit qu'ont parfumé les cercueils de leurs pères.

Var. 65P. 22: là-bas sans la (*misprint?*) —
Var. 66P. 27: d. les sales —
Var. 57P, 65P, 66P. 28: c. aimés les —

BOUFFONNERIES

XXI. Sur les Débuts d'Amina Boschetti (p. 170). In 65P, 66. Mlle. Amina Boschetti, a pupil of Taglioni, made her debut at the Théâtre de la Monnaie, in Brussels, in September 1864.

Varr. 65P. 9: au regard t. — 10: Qui vouliez e. le rire à — 11: g., la valse à —

XXII. A propos d'un importun (p. 170). In 66. The edition of *Les Fleurs du Mal* published by Fasquelle (Paris 1917) gives, in facsimile, an autograph copy of this poem. There is the following crossed-out dedication:

> A M. Fromentin.
>
> A propos d'un importun qui se disait l'ami de Fromentin, de Daubigny, de Flahaut, d'Harpignies, de Corot, et de tout le monde, et qui, bien que je ne l'eusse jamais vu, m'a tenu, à la Taverne du *Globe*, pendant trois heures et demie, à écouter son histoire.

In the text the following variants can be deciphered, under crossings-out:

> *Varr.* 25: Qu'il était pour — 37: un homme qui — 41: nomme Cologne; — 41: nomme Bologne; —

XXIII. Un Cabaret Folâtre (p. 173). In 66.

NOUVELLES FLEURS DU MAL

Amongst the poems published in *Le Parnasse Contemporain* in 1866 under this title, were, as well as those printed here, six others which we have not printed here since they occur also in *Les Épaves*. These are: *Le Jet d'Eau, Les Yeux de Berthe, Hymne, La Voix, La Rançon, A Une Malabaraise*.

I. L'Examen de Minuit (p. 174). First published in *Le Boulevard*, 1 February 1863, then in 66P, 68. For a similar theme, see *A une Heure du Matin* in *Les Petits Poèmes en Prose*.

> *Varr. LeB. Sub-title*: A tous mes Amis — 10: De tous les Dieux le plus aimable! — 12: q. terrible C. — 21: Nous avons baisé la M. — 22: A pleine d. — 25: Puis, nous efforçant de n. — 27: N. avons, prêtre de — 28: Très lâchement, pour oublier — 29: La beauté des —

II. Épigraphe Pour un Livre Condamné (p. 175). In 61E, 62B, 66P, 68.

III. Madrigal Triste (p. 176). First published in *La Revue Fantaisiste*, 15 May 1861, then in 66P, 68. A poem inspired by Jeanne Duval.

> *Varr. RF.* i, 19: ton corps s'i. — ii, 9: Rêvant de —

IV. L'Avertisseur (p. 177). In 61E, 62B, 66P, 68.

> *Var. 61E.* 5: Darde tes —

V. Le Rebelle (p. 178). In 61E, 62B, 66P, 68. Prarond states that this poem was composed before 1843.

> *Var. 61E, 62B.* 7: Afin de pouvoir f. —

VI. Bien loin d'ici (p. 178). In 64N, 66P, 68. Cf. for similar subject *La Belle Dorothée* in *Les Petits Poèmes en Prose*. Mme. Solange Rosenmark (*née* Autard de Bragard) wrote in the *Revue de France*, 15 December 1921, that this Dorothée was an Indian girl, a foster-sister of Mme. Autard de Bragard (whose guest Baudelaire had been) and that she had waited on him during his visit to Mauritius. This is probably the poem which Baudelaire mentioned to Poulet Malassis, in his letter of 15 December 1859, and which was to be called *Dorothée*.

VII. Recueillement (p. 179). In 61E, 62B, in *Almanach Parisien pour 1863*, in 66P, 68.

> *Var. 61E.* 12: m. se coucher s. —

VIII. Le Gouffre (p. 180). First published in *L'Artiste*, 1 March 1862, then in 64N, 66P, 68. Nadar wrote in *Baudelaire Intime*, that Baudelaire once said to him: 'Je vois de si terribles choses en rêve, que je voudrais quelquefois ne plus dormir, si j'étais sûr de n'avoir pas trop de fatigue.'

> *Varr. l'A. Dedication*: A Théophile Gautier — 10: Rempli de —

IX. Les Plaintes d'un Icare (p. 180). In 62B, 66P, 68. In 62B the verse from Thomas Gray which inspired *Le Guignon* (cf. Note to *Les Fleurs du Mal* XI) is printed at the head of the poem, the title appears as *La Plainte d'un Icare*, and l. 5 reads *nompareils* for *non pareils*.

X. Le Couvercle (p. 181). First published in *Le Boulevard*, 12 January 1864, then in 66P, 68.

> *Var. 68.* 10: i. pour un (*this seems to me to make better sense than the version 66P*).

POÈMES AJOUTÉS A L'ÉDITION POSTHUME

These four poems were added, quite unjustifiably, by Asselineau and Banville, to the posthumous edition (1868) of *Les Fleurs du Mal*. It is very improbable that Baudelaire would have used them in this way.

I. A THÉODORE DE BANVILLE (p. 182). In 68. The only hitherto unpublished poem in that edition. Written in 1842 and sent to Banville after the publication of *Les Cariatides* (1842). Banville's reply is the poem *A Baudelaire-Dufaÿs*, published in *Les Stalactites* (1846).

II. LE CALUMET DE PAIX (p. 183). First published in the *Revue Contemporaine*, 28 February 1861, then in 68. The poem is made up of two passages adapted from Longfellow's *The Song of Hiawatha* and *The Peace Pipe*. They were finished at the end of 1860 and Baudelaire could thus have included them in the second edition of *Les Fleurs du Mal* of 1861, if he had intended them to be part of the plan, but he rejected them. These translations were to be followed by sixteen or eighteen others and recited, as a poetic interlude, at the performance, in Paris, of a symphony in honour of Longfellow by the American composer Robert Stoepel (see the undated letter from Baudelaire to Poulet-Malassis at the end of 1860). Stoepel abandoned the project, apparently on account of financial considerations. Baudelaire appears to have had bitter memories of his dealings with the composer (see the undated letter to Poulet-Malassis in the early months of 1861).

III. LA PRIÈRE D'UN PAÏEN (p. 186). In 61E, 62B, 68.

Varr. 61E. 9: t.] encor — 10: P. la forme d'une—

IV. LA LUNE OFFENSÉE (p. 187). First published in *L'Artiste*, 1 March 1862, then in 68. It is probably an early poem, for Mouquet proves (*Vers Retrouvés*, p. 13) that it must have been known before 1843. Baudelaire did not consider printing it in either the first or the second edition of *Les Fleurs du Mal*, and it is very unlikely that he would have published it during his mother's life-time. Although he always sent her an offprint of every poem he printed in reviews, he did not send her this one, not wishing to hurt her feelings by the bitterness of its autobiographical theme.

JUVENILIA

All these poems are taken from *Les Œuvres Posthumes* published by *Le Mercure de France* in 1908, in which they were all printed for the first time in book form, with the exception of No. III and No. VII.

I. N'EST-CE PAS QU'IL EST DOUX (p. 188). Published with No. II by Émile Deschanel, a school friend of Baudelaire, in *Le Journal des Débats*, 15 October 1864.

II. IL AIMAIT À LA VOIR (p. 188). Published with No. I by Émile Deschanel.

III. INCOMPATIBILITÉ (p. 188). First published by Charles Cousin in *Baudelaire, Souvenirs et Correspondances* (1872). A slightly different version was published by Louis Ménard, the poet's early friend, in *Le Tombeau de Charles Baudelaire* (1896). Baudelaire wrote the poem at the age of 17, in 1839, during a trip to the Pyrenees with his step-father General Aupick.

Varr. LeT. 12: qui broute aux — 13-16: *exist only in this version* — 18: Un s. — 19: é. en la — 21: c., dans c. —

IV. TOUT À L'HEURE JE VIENS D'ENTENDRE (p. 190). Published by Henri Hignard, a school friend of Baudelaire, in *Le Midi Hivernal*, 17 March 1892. A bad misprint occurs in *Les Œuvres Posthumes* (*Mercure de France*) 2: *d. raisonner d.* —

V. VOUS AVEZ, COMPAGNON (p. 191). Written about 1840 and published by Antony Bruno in *Le Monde Illustré*, 4 November 1871.

VI. JE N'AI PAS POUR MAÎTRESSE (p. 191). The poem was written in an album belonging to a M. Buchon and published in *Paris à l'Eau-Forte*, 17 October 1875. Lines 19–24 were omitted and replaced by dots. The full text was published in *La Jeune France*, Jan.–Feb. 1884. Cf. Note to *Les Fleurs du Mal* XXXII, for further reference to the subject of the poem.

VII. CI-GÎT QUI, POUR AVOIR (p. 193). Epitaph written by Baudelaire for himself in 1841, or thereabouts. First published by Crépet, *Charles Baudelaire* (1906).

INDEX